中华古村落

西藏卷

顾问 陈志华
主编 李秋香 李玉祥
汪永平 著

江蘇鳳凰教育出版社
Phoenix Education Publishing, Ltd

顾　问

陈志华

主　编

李秋香

李玉祥

编　委（按照姓氏笔画排序）

王瑞书

李玉祥

李秋香

吴　宁

吴正光

陆　琦

陈志华

周　晨

顾华明

戴志坚

主摄影

汪永平

李玉祥

总序

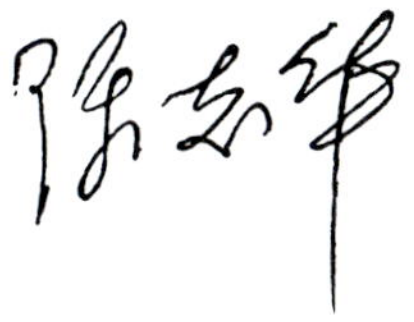

中国有着非常漫长的自然农业历史，传统的中华文明，基本上是农业文明。农业文明的基础是乡村的社会生活。在广阔的乡土社会里，以农民为主，加上小手工业者、小商贩、在乡知识分子和少数退休还乡的官吏，一起创造了像海洋般深厚瑰丽的乡土文化。比起庙堂文化、士大夫文化和市井文化来，乡土文化是绝大多数人创造的文化，为绝大多数人服务。乡土文化依赖于土地，是一种地域性文化。它不像庙堂文化、士大夫文化和市井文化那样有强烈的趋同性，它千变万化，更丰富多彩，是中华民族文化遗产中还没有被充分开发的宝藏。没有乡土文化的中国文化史是残缺不全的，不研究乡土文化就不能真正了解我们这个民族。

乡土建筑是乡土生活的舞台和物质环境，它是乡土文化最普遍存在的、信息含量最大的组成部分。它的综合度最高，紧密联系着许多其他乡土文化要素，甚或是它们的重要载体。不研究乡土建筑就不能完整地认识乡土文化，甚至可以说，乡土建筑研究是乡土文化系统研究的基础。

乡土建筑当然也是中国传统建筑最朴实、最率真、最生活化、最富有人情味的一部分，不仅有很高的历史文化价值，对建筑工作者来说，还可能有一些直接的借鉴价值。没有乡土建筑的中国建筑史是残缺不全的。

在一个漫长的历史时期，中国的经济、文化中心在农村。农村里建筑品类之多样胜过一般的城市，连书院、藏书楼、寺庙也大多在农村，更不必提路亭、磨坊、水碓房、畜舍之类了。雕梁画栋、琐窗朱户也并不次于城里。但是今天，乡土建筑优秀遗产的价值还远远没有被正确而充分地认识。一个物种的灭绝是巨大的损失，一种文化的灭绝岂不是更大的损失？大熊猫、金丝猴的保护已经是全人类关注的大事，我们的乡土建筑却正在以极快的速度、极大的规模被破坏着，我们正无可奈何地失去它们。

我们无力回天，但我们决心用全部的精力立即抢救性地做些乡土建筑的研究工作。

我们的乡土建筑研究从聚落着手。这是因为，绝大多数的乡民生活在特定的封建宗法制的社区中，所以，乡土建筑的基本存在方式是形成聚落。作为与乡民们社会生活的各个侧面相对应的物质条件，聚落中的乡土建筑包含着许多种类：有居住建筑，有礼制建筑，有寺庙建筑，有商业建筑，有公益建筑，也有文教建筑，等等；当然更有农业、手工业所必需的建筑，例如磨坊、水碓房、染坊、畜舍、粮仓之类。几乎每一类建筑都构成一个或大或小的系统。例如宗庙，有总祠、房祠、支祠、香火堂和祖屋；例如文教建筑，有家塾、义塾、书院、文昌（奎星）阁、文峰塔、进士牌楼、功名桅杆、戏台；生产性建筑则有陶瓷窑、抄纸作坊、竹木店、染坊、铁匠铺、油坊等等。这些建筑系统在聚落中形成一个有机的大系统，这个大系统规定着聚落的结构，使它成为功能完备的整体，满足一定社会历史条件下乡民们物质的和精神的生活需求，以及社会的制度性需求。打个比方，聚落好像物质的分子，分子是具备了某种物质的全部性质的最小的单元，聚落就是乡土社会的这种最小单元。我们以完整的聚落作为研究乡土建筑的对象。这个研究目标本身规定了研究的基本方法，即以田野调查为主，结合文献考察。

乡土生活赋予乡土建筑丰富的文化内涵，我们力求把乡土建筑与乡土生活联系起来研究，因此便是把乡土建筑当作乡土文化的基本部分来研究。聚落的建筑大系统是一个有机整体，我们力求把研究的重点放在聚落的整体上，放在各种建筑与整体的关系及它们之间的相互关系上，放在聚落整体及它们的各个部分与自然环境和历史环境的关系上。乡土文化不是孤立的，它参与形成庙堂文化、士大夫文化、市井文化的共同基础，和它们都有千丝万缕的关系。乡土生活不是完全封闭的，它与一个历史时代整个社会的各个生活领域也有千丝万缕的关系。我们力求在这些关系中研究乡土建筑。例如，明代初年“九边”的乡土建筑随军事形势的张弛而变化，明代末年江南和晋中的乡土建筑随着商品经济的发展而有很大的变化等等。聚落是在比较长的时期里定型的，这个发展过程蕴含着丰富的历史文化内容，我们也希望有足够的资料可以让我们对聚落做动态的研究。总之，我们的研究方法综合了建筑学、历史学、民俗学、社会学、文化人类学的各种方法。方法的综合性是由乡土社会和建筑固有的复杂性与外部联系的多方位性决定的。

因为我们的研究是抢救性的，所以我们不选已经名闻天下的聚落作为研究课题，而去发掘一些默默无闻但很有历史价值的聚落。这样的选题很难，要求聚落要发育得成熟一些，建筑类型比较完全，建筑质量好，有家谱、碑铭之类的文献资料。当然聚落最好还保存得相当完整，老的没有太大的损坏，新的又没有太多的增加。从系列化的研究来说，更希望聚落在各个层次上都有类型性的变化：有纯农业村，有手工业村，有从农业向商业、手工业转化的村；有窑洞村，有雕梁画栋的村；有山头村，有河边村；有马头墙参差的，也有吊脚楼错落的；还有不同地区、不同民族的；等等。这样才能一步步接近中国乡土建筑的全貌，虽然这个路程非常漫长。选题的时候，要区分各个层次上的类别和性质。我们使用了细致的比较法，就是要找出各个聚落的特征性因子，这些因子相互之间要有可比性，要在聚落内部有特殊性，要在类型之间或类型内部有普遍性。我们不仅尽可能选取不同的角度和重点，还力求写出每个聚落的特殊性，而不是去把它纳入一般化的模子里。只有写出每个题材的特殊性，才能多少写出一点点中国乡土建筑的丰富性和多样性。所以，挖掘题材的特殊性，是我们着手研究的切入点，必须下比较大的功夫。类型性和个体性的挖掘，也都要靠细致运用比较的方法。

虽然我们只能从汪洋大海中取得一勺水，但这勺水毕竟带着海洋的全部滋味。希望我们的书能够引起读者们对乡土建筑的兴趣，有更多的人乐于来研究它们，进而能有选择地保护其中最有价值的一部分，使它们免于被彻底毁灭。

2013 年夏日

目录

概述

一、西藏的自然环境

1. 独特的地理位置

西藏位于中国的西南边陲，是青藏高原的主体，地域辽阔、地势险峻，素有“世界屋脊”之称。西藏平均海拔在4000米以上，有许多耸立于雪线之上的高逾6000至8000米的山峰。高原外缘，高山环抱，壁立千仞，有世界“第三极”之誉。

西藏西临克什米尔地区；北界昆仑山、唐古拉山，与新疆维吾尔自治区及青海省毗邻；东隔金沙江，与四川省相望；东南接云南省；南与印度、尼泊尔、不丹、缅甸接壤。国境线长达3842千米。由此可见，西藏一直是处在中国的黄河文明、长江文明，以及印度文明、西亚文明、中亚文明等亚洲几大古文明发源地的交会之处，吸收融合了多种文化，彰显了其地理位置的独特性。

2. 山水相依的地理环境

西藏横亘着许多世界知名的高大山脉：喜马拉雅山脉耸立于南部边缘，昆仑山和喀喇昆仑山绵延于西北，冈底斯山和念青唐古拉山横贯于中部，横断山脉是它的东部屏障。同时，这些高山地带冰川广布，终年积雪，成为许多名河大川的发源地，如印度河、恒河、长江、雅鲁藏布江等，赢得了“众河之源”的美誉。西藏地区星罗棋布的大小湖泊数以千计，成为“神湖崇拜”存在的渊源。其中较为知名的“神湖”如：玛旁雍错、羊卓雍错、纳木错、色林错等。美丽神圣的湖泊河流与巍峨险峻的群山相依，不仅为西藏的农牧业生产和发展提供了良好的基础，更以其壮丽的形象影响着藏民族的审美意趣。

西藏地区这种多高大山脉的自然地理环境，不仅影响到西藏的经济发展特征及与外界的联系规模，而且在很大程度上影响了西藏文化的发展进程。其西南高、东北低的地势，更使西藏文明在地理上与中原文化存在着一种特殊的亲和力。同时，处于群山环抱之中的西藏地形千姿百态，区域地貌组合形式差异显著，大致

羊卓雍错

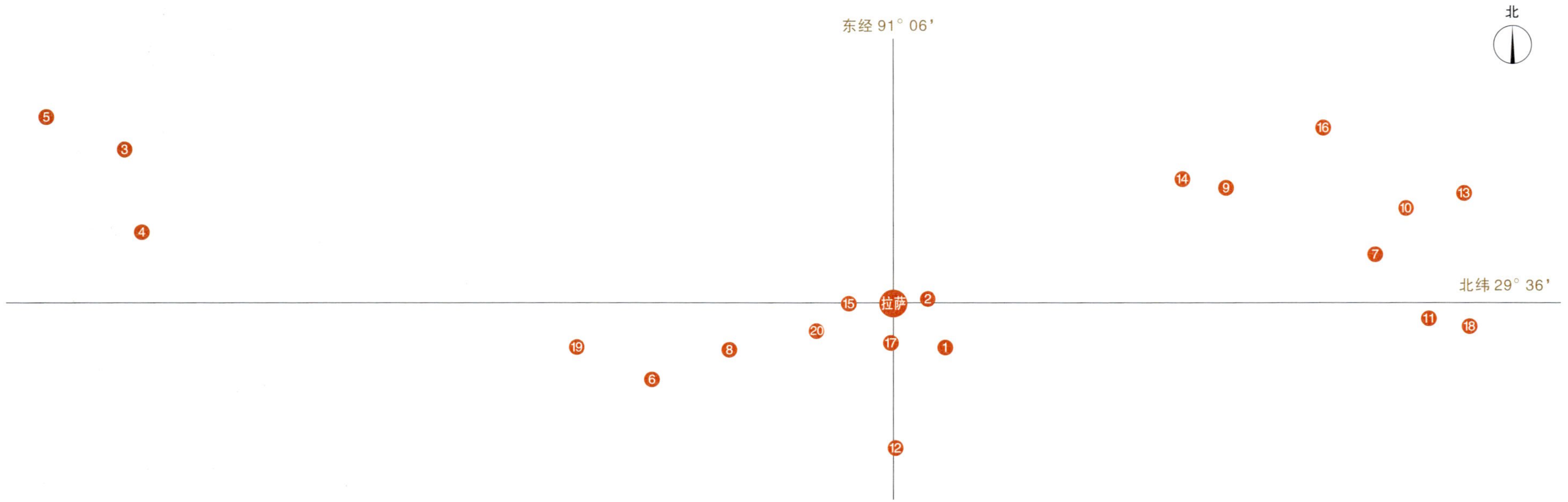

⊙ 本书所收录西藏自治区古村落分布示意图

① 山南市乃东区昌珠镇
② 拉萨市墨竹工卡县甲玛乡赤康村
③ 阿里地区噶尔县门士乡
④ 阿里地区普兰县普兰镇科迦村
⑤ 阿里地区札达县皮央村、东嘎村
⑥ 日喀则市萨迦县萨迦镇
⑦ 昌都市左贡县东坝乡
⑧ 日喀则市桑珠孜区甲措雄乡夏鲁村
⑨ 昌都市洛隆县硕督镇
⑩ 昌都市察雅县香堆镇
⑪ 昌都市左贡县碧土乡
⑫ 山南市洛扎县边巴乡
⑬ 昌都市贡觉县雄松乡
⑭ 昌都市边坝县拉孜乡达孜村
⑮ 拉萨市堆龙德庆区乃琼镇贾热村（原觉木隆村）
⑯ 昌都市卡若区嘎玛乡
⑰ 山南市贡嘎县杰德秀镇
⑱ 昌都市芒康县盐井纳西民族乡
⑲ 日喀则市昂仁县日吾其乡日吾其村
⑳ 拉萨市尼木县吞巴乡吞达村

分为四个地区类型：藏北高原地区（藏语称“羌塘”）、藏南谷地地区（藏语称“罗卡”）、藏东高山峡谷地区，以及喜马拉雅山地。其中的藏南谷地地区位于冈底斯山和喜马拉雅山之间，雅鲁藏布江从中穿过，形成以拉萨河、年楚河、尼洋河等众多支流河谷为中心的平原地带。该地区因地势平坦开阔、土壤肥沃、雨量适中、宜耕宜牧而成为西藏主要的农业区，因农而兴的庄园多分布于此。

从高空看藏南谷地村落

⊙藏北高原牧区

⊙藏东左贡玉曲河峡谷

⊙藏南雅鲁藏布江河谷

3. 独特的高原气候

西藏地处高原，地形复杂，外加高空大气环流和太阳辐射等因素的影响，形成了以低温、干燥、多风、缺氧为特征，区域差异和垂直变化十分显著的高原气候。

西藏所处纬度较低，与我国长江中下游流域大致相同，但由于海拔高，空气稀薄，所含尘埃和水汽少，大气透明度好，因而太阳辐射比较强，光照充足。西藏地区气温的分布规律大致是海拔每升高 1000 米，气温降低 6℃，因而气温偏低，比同纬度的我国东部地区要低 20℃以上。同时，西藏的温度年变化小而日变化大,具有典型的长冬无夏、春秋相连的气候特征。人们也常用“一年无四季，一日见四季”来形容高原的这种气候特色。

西藏干湿季分明，且干季多大风。干季通常是 10 月至第二年 3 月，此时高原为强劲的西风急流所控制，天气寒冷干燥。高原大风的主要原因是地面海拔接近对流层中部，受高空西风急流影响。湿季是每年的 4 月到 9 月，雨热同季，夜雨率高，对农作物生长有利。

这种独特的高原气候，对于藏式传统生活方式以及村落构建的影响，尤其是对居住建筑的影响比较明显。为适应高原独特的气候而采取的建筑结构形式，值得我们关注和探讨。

二、西藏的历史文化背景

迄今为止的考古资料可以证明，藏族是西藏地区最主要的土著民族，是自旧石器晚期、新石器时代就生息于此的人类先民的后裔。他们开发西藏地区的历史已有四五千年。自古迄今，藏族一直都自称为“蕃”，其他民族则称其为“吐蕃”。宋代时，除称“吐蕃”外，或称“蕃”，或称“西蕃”。至元朝时期，西藏又有“乌斯藏”之称。“乌斯”的现代读音是“卫”，指前藏，主要是拉萨、山南等腹心地区；“藏”指后藏，主要是日喀则等广大地区。

同时，藏族又习惯上将自己居住的区域分为三大块：卫藏、安多、康。按今天的行政区划来讲就是，以西藏自治区的拉萨市、日喀则市为中心的卫藏地区，以青海省藏族聚居区、甘肃省甘南藏族聚居区、四川省阿坝藏族羌族自治州为主要组成部分的安多地区，以四川省甘孜藏族自治州、云南省迪庆藏族自治州、西藏自治区的昌都市、青海省的玉树藏族自治州为主要组成部分的康区。

西藏的村落大多分布在卫藏地区，即东起山南、西至日喀则的雅鲁藏布江流域一带，含今拉萨、山南和日喀则等地区。这一地区开发很早，是西藏传统农业最发达的地区，更是西藏古代文明的发祥地。西藏因农而兴的村落和建筑就存在于这样的历史条件和自然环境中。

1. 以农牧为主的生活方式

大概是受早期游牧生活影响的缘故，藏族的生活方式多有不同，反映在他们的建筑形式上也不太统一。据《后汉书·西羌传》载："所居无常，依随水草。地少五谷，以产牧为业。"《旧唐书·吐蕃传》也有"其地气候大寒，不生秫稻，有青稞麦、褁豆、小麦、荞麦。畜多牦牛、猪、犬、羊、马……其人或随畜牧而不常厥居，然颇有城郭"的记述。

日喀则年楚河流域的农田

⊙夕阳下秋收后的山南田野

⊙收获季节的夏鲁村青稞麦田

以上史料说明西藏在公元7世纪以前，以游牧为主，但已有种植农业。至公元7世纪初，以雅鲁藏布江河谷农区为中心的强大的吐蕃王朝建立，种植农业有了很大发展，但牧业仍然在农业构成中占重要地位。宋、明两代西藏和内地兴盛的茶马互市，就表明了西藏以牧为主的特点。总体上看，藏族牧区传统的居住建筑形式以帐房为主，农区和城镇的住宅则是石木或土木结构的楼房。《旧唐书·吐蕃传》记载的吐蕃“屋皆平头”的居住形式和格局，是藏式传统碉房或碉楼的突出形象。在西部阿里地区的札达古格，有一大片被称为土林的地质构造和地理景观。早期的藏族民众在这里挖掘洞窟，作为居住或僧人修行的地方。这些洞窟也成为我国西部的一种建筑类型。

⊙边巴乡石碉楼

2. 以碉房为主的建筑形式

纵观西藏民居的建筑形式，大致可以分为碉房式石楼（或称为碉楼）、碉房式民居（或称为碉房）、干栏式木屋或井干式建筑、可移动的帐篷等。最常见的建筑是碉房建筑。

考古资料提供的确凿证据表明，远在四五千年前的新石器时代，西藏的建筑便有了相当规模的发展和较高的水平。根据昌都市卡若区遗址的情况来看，考古学家们分析认为，当时的

⊙东坝乡碉房民居

三岩生土碉楼

工布江达县秀巴古堡

三岩土碉楼

⊙牧民的黑帐篷(牦牛毛编织)

建筑材料普遍以砾石为主，房屋面积一般为30平方米，可能已经出现了楼房。在发掘的房屋遗址中，建筑的形制有半地穴房、地面房两种，其基址选择、结构构造、柱洞基础、砌墙技术、地平防潮等均表明这一时期的民居已具有较高的建筑水准。

3. 受多元文化影响的建筑艺术

从地理位置来看，西藏地处亚洲腹地，是东亚、南亚和中亚的连接带和枢纽；从文化区域来看，西藏又处于东方文化、南亚文化和中西亚文化相接触、撞击的交汇点上。地理位置的优越使西藏自古以来就同周边地区有着交往和联系，不仅与中原地区、西北地区乃至整个北方地区的多种文化形成交流关系，而且吸收了来自域外的印度、尼泊尔、波斯和阿拉伯的文化。

中原文化向西藏的迅速传播始自公元7世纪吐蕃王朝松赞干布执政时期。随着文成公主远嫁吐蕃，一条“唐—吐蕃—天竺（今印度）”的文化之路经由西藏伸向南亚，唐代汉地的建筑文化开始大规模地输入西藏。其影响不仅表现在建筑的外观造型上，也表现在建筑的结构技术上，如唐代建筑中常用的斗拱和藻井。至吐蕃赞普赤松德赞时期，唐金城公主又远嫁吐蕃。吐蕃王朝与唐朝的关系继续向前发展。直至公元13世纪，元朝确立了对西藏地方的统治。

吐蕃王朝建立后，随着社会生产力的发展，松赞干布开始加强对外的政治、经济、文化交流。喜马拉雅山脉南部的印度、尼泊尔等国当时都是信仰佛教的国家，佛教开始传入西藏，佛教的建筑文化和装饰艺术也伴随而来。大昭寺的兴建，就请了来自尼泊尔的工匠参加建造，柱头装饰采用的是尼泊尔的建筑样式。从大昭寺中的狮身人面托木雕塑，还可窥见印度和西亚文化的影子。

公元8世纪后半叶，赞普赤松德赞迎请印

⊙大昭寺二楼中庭的兽托

⊙大昭寺柱头（印度和尼泊尔装饰风格）

⊙大昭寺屋角的狮子蹲兽

度高僧寂护和莲花生来吐蕃弘传佛教，并在今山南市扎囊县境内雅鲁藏布江北岸的哈布日山下修建了桑耶寺。桑耶寺乌孜大殿的建造，将藏、汉、印三种建筑风格融合，促进了西藏建筑文化的不断发展和成熟，并最终形成了自己独特的风格。

⊙桑耶寺和村落全景

4. 民俗文化和建房礼仪

在西藏民俗文化发展史上，卡若文化、吐蕃文化等都带着鲜明的时代印迹，经过数千年历史的积淀，最终形成了灿烂而又独特、绚丽而又厚重的西藏民俗文化。雪域高原纷繁多彩的节日，向世人展示了西藏的精神文化和物质文化。如藏历新年，家家更换屋顶插挂的风马旗、经幡，以及门楣、窗楣外悬挂的香布等，使建筑在节日里呈现出崭新的气象。园林（藏民称其为“林卡”）则提供了过林卡、欢度雪顿节的好去处。其他的节日还有春播节、赛马节、望果节、沐浴节等。

经过千年的传播，藏传佛教最终成为了藏民族的主要信仰之一，也成为节日乃至日常生活的重要内容。因而在西藏多彩纷呈的民俗文化中，礼佛、转经及朝圣成为最普遍的民俗活动。这些活动不仅是西藏节日文化的重要内容，

雪顿节中的煨桑活动

更是藏传佛教生活化的重要特征。与藏传佛教相关的民俗活动，同时也影响了村落的布局和建筑的布置。

修建房屋，对任何家庭来讲都是一件十分重要的事，从选址择基到修建搬迁，每一个环节都极被重视。自佛教传入西藏以后，原有的传统习俗更是增添了不少佛教的仪式，内容得以不断充实。整个建房过程中先后要多次举行各种不同的仪式，其中较大的仪式有六项，即选址、奠基、立柱、封顶、竣工和乔迁仪式。

雪顿节中的展佛活动

⊙民居建造（立柱筑基）

三、西藏以寺院和庄园为中心的村落选址

西藏以山地为主，山水相依的地理环境对于传统村落的形成，以及建筑的选址修建，影响颇深。西藏的传统聚落可分为两类：城镇聚落与乡村聚落。其选址首先考虑的是方便于生产生活，有利于农事。其次，还会选择在地势险要的高处营建碉堡式的庄园建筑，这种选择的主导因素之一便是防御的意识。同时，庄园建筑的选址也含有一定的宗教意味，或者说是风水理念的体现。

1. 城镇聚落以寺院为中心

城镇聚落中，寺院居于主导地位，庄园建筑次之。或者将寺院建造于河谷平原地带，以其为中心建造房屋，形成城镇聚落；或者将寺院修建于山坡之上，聚落紧邻寺院向山脚平原地带延伸。也有的寺院与聚落保持着一定的距离。

以寺院为中心，在寺院的周边修建而成的村镇，其宗教上的意味比较突出。位于乃东区山脚下的泽当镇，是聚落紧邻寺院向山脚平原地带延伸的实例。刚丁曲果林寺位于该聚落背面的山坡上。早期修建的房屋建筑，包括庄园建筑，多向山下的河谷地带延伸。陆续有住房修建于刚丁曲果林寺的上方，向山上延伸，最终发展成今天以寺院为中心的聚落。

这种村庄围绕寺院的选址方式，是世俗世界与神居世界紧密联系的典型代表，为村民日常参拜提供了极大的方便，尤其是便于村民日常转经。寺院四周的外墙布满转经筒，村民无论走在哪里，都会有十分强烈的归属感。

⊙刚丁曲果林寺成为泽当镇老城区的核心

2. 乡村聚落以庄园为中心

在西藏历史上，一个庄园一般包括一个或几个相邻的自然村落，村落中的农民即是庄园的农奴，村落周围的土地即是庄园的领地。庄园主的住房多选择环境或者风水比较好的地方进行修建。

在有寺院的乡村聚落中，寺院修建于乡村聚落背依的山坡上；或与聚落保持一定的距离，修建于离聚落不远的河谷平地上；或修建于聚落的边缘。庄园建筑位于聚落之中，与寺院有一定距离。通常这些寺院多属庄园的私寺。也有寺院与庄园建筑紧邻而建，一同作为乡村聚落的中心，统领聚落建筑群，如山南市的那若达布扎仓寺和与其紧邻的庄园。而颇为知名的夏鲁寺与夏鲁村长期以来形成的空间布局则稍有不同，夏鲁日苏活佛的住处位于夏鲁寺的西南角。在靠近庄园建筑群附近或较远处建有自成聚落的房屋，是给领主支差的庄园属民的住房，称为“差康”。如位于山南市琼结县加麻乡的普若庄园，庄园主的住房在聚落中高高耸立，周围是低矮、简陋的住房。根据藏族民居群的分布情况可以看出，藏族民众对于住屋的基地位置和地势的选择，以及对自然条件的利用，有如下一些共同点。

（1）善选基地

村落的选址大多在河谷平原、山腰台地的边缘，或水草丰美的草原边境。藏族民众会将住屋建造在不宜耕种的瘦瘠之地。高山地区雨水稀少，

⊙山南的那若达布扎仓寺（右）与其紧邻的庄园（左）

⊙从夏鲁寺看日苏活佛的住处

⊙山南市琼结县普若庄园的建筑成为村落的主体

⊙远眺玛那寺与玛那村

生活用水困难，所有民居、村寨或城镇莫不接近溪泉、河道，以解决农田灌溉及生活用水的需要。

（2）利用地形

藏族民居在争取空间方面的做法是增加建筑层数，节约土地和扩大楼层面积；在利用地形方面是利用坡地，少占耕地。在实践中，藏族民众将这两者结合起来，创造出许多优美舒适的多层住宅，表现出建筑的民族形式和地方风格。

⊙拉萨市墨竹工卡县德宗温泉附近的村落

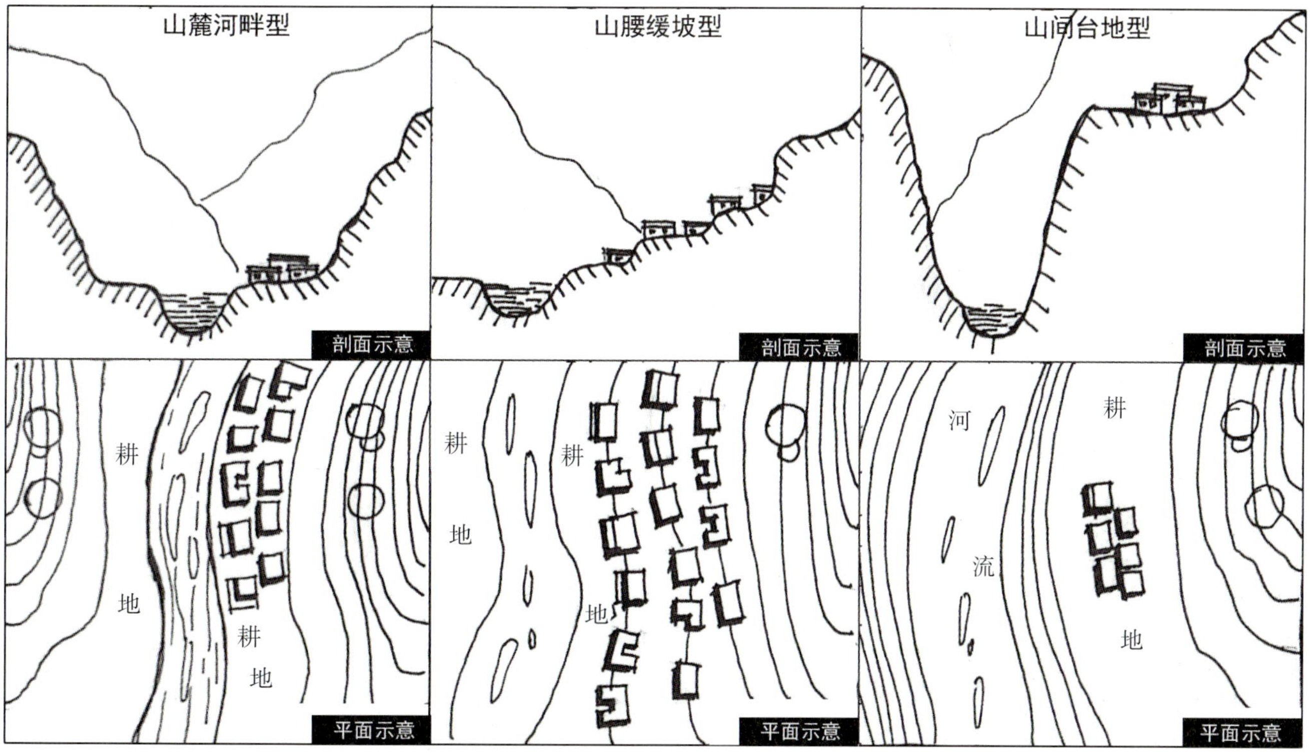

⊙西藏山地的村落布局形式

⊙喜马拉雅山一带的山地村落

藏东的坡地村落与建筑

贡觉县的井干式建筑

（3）适应气候

为了保暖避风，住屋都背风向阳。房屋的层高都比较低，而且比较封闭。房屋的方向和门、窗的开口大都向南或向东南。每层的北面和底层各墙面绝不开窗，西面也很少开窗。在屋顶晒坝的北面，建造堆放粮食和草料的仓库，借以屏挡北风或西北风。这种有三面屏蔽的屋顶晒坝形成了很实用的生活阳台。

（4）就地取材

藏族建筑大都就地取材，利用当地大量的天然土、木、石等资源，创造出许多经济、坚固、实用的民居，并且表现出显著的地方特点。在河谷山地，如拉萨、日喀则等地，人们用泥浆、片石砌筑墙身。在草原和平川，如那曲、山南等地，人们会利用黄土夯实筑墙。在林区，如林芝、昌都等地，人们则利用当地丰富的木材做梁、柱和室内装修，外墙用原木做成井干式结构。这些材料所建的民居，墙高 2—4 层；专作防御的碉楼高达 20 多米。经过了数百年，经历了多次地震的考验，这些民居还巍然屹立，证明了其建筑材料和结构的合理之处。

四、西藏村落的类型与形态构成

1. 村落类型

西藏的城市化进程比起内地要晚很多，村镇的人口规模也比内地要小很多。大的村镇在百户左右，小的只有几十户或几户。乡镇的行政中心都设在大的村镇中。

（1）以部落为中心的村镇：如贡觉县雄松乡、罗麦乡。

（2）以寺院为中心的村镇：如普兰县普兰镇科迦村、萨迦县萨迦镇。

（3）以庄园为中心的村镇：如扎囊县朗赛林庄园、江孜县帕拉庄园。

（4）商贸形成的村镇：如察雅县香堆镇、左贡县东坝乡军拥村。

（5）手工业生产形成的村镇：如贡嘎县杰德秀镇、卡若区嘎玛乡。

（6）交通渡口形成的村镇：如昂仁县日吾其乡日吾其村（因日吾其寺金塔和日吾其铁索桥而著名）。

（7）军事堡塞形成的村镇：如洛隆县硕督

⊙村中的佛塔

镇、洛扎县边巴乡。

（8）其他特色的村镇：堆龙德庆区乃琼镇贾热村（原觉木隆村，是藏戏之乡，也是觉木隆寺所在地），墨竹工卡县甲玛乡赤康村（松赞干布的诞生地），左贡县碧土乡（以自然风光而著称）。

2. 村落构成要素

（1）入口标识

在藏族聚居区的村落入口处有建造标志物的习惯，绝大多数的藏族村落采用玛尼堆的形式来提示人们快要进入村落的地域范围了。这些玛尼堆大小不一，个数不等。一般较大村落的入口处会放置多个小型玛尼堆，在玛尼堆的周边还会布置转经筒或小型转经廊；而小型村落一般只有一座小型玛尼堆。有的村落还会在入口处用过街塔、喇嘛塔的形式作为标志。

（2）街巷路网

早期的街巷围绕寺院或庄园自发形成的路网，后来便形成了传统村落的“井”字形道路系统。以寺院为中心的转经道，四周环绕着各种商铺和住宅，形成了路面较宽的街道。随着村落规模的不断扩大，居住在村落外围的居民们便在自家门前修建了连接到“井”字形主路网的小道，形成了围绕村落的路网。寺院正门和玛尼堆、白塔前则保留了较大的开敞空间，供当地人举行各种庆典和祭祀活动。

⊙左贡县东坝乡军拥村的街巷

（3）沟渠水系

水在藏族民众的日常生活中是不可缺少的，因此在村落的选址和建设中受到极高的重视。人们在村落周边寻找安全、供水量足的水源，作为全村的主要供水源。为保证水的质量，居民们会利用天然的沟渠，再以用石头铺底和堆砌两侧渠岸的方法，建造出方便使用的人工沟渠，以确保能将清澈的泉水送到村里的寺院和庄园门前。居民们还有背水的习惯，他们每天清晨用水桶将干净的泉水或河水背回家中，作为生活用水。现在很多村落都用上了自来水。

晨起背水的村妇

3. 村落中的构筑物

在村落中，除了有实际功用的建筑外，还有一些作为村落或建筑附属的简易构筑物。这些构筑物不仅丰富了村落的景观，而且造就了浓厚的宗教气氛，体现了独特的民族风格，使整个村落更具浓浓的乡土意味。它们是村落和乡土建筑不可分割的一部分。

（1）玛尼堆

在藏族聚居区的村落里，玛尼堆是比较常见的。玛尼堆是使用刻有佛像、六字真言、经文等的卵石、石板堆成的，有些上面还放置牛头。玛尼堆主要分布在寺院的转经路上、村庄的路口、

古宫寺下的玛尼堆

草原的路边，还有就是便于转经的空地或者较为重要的村界和草原分界处。比较典型的是札达县达巴乡玛那村中玛那遗址的玛尼墙。在玛那村的中间，遍布着玛尼墙和塔，与玛那寺一起，形成了玛那村的宗教圣地。还有普兰县贡布日寺下的村庄，沿路中间修筑一道玛尼墙，村民在出入时总能感受到浓厚的宗教氛围。

（2）风马旗

风马旗又称玛尼旗、经幡等，或音译为隆达、龙达，指在藏传佛教地区以各色布条写上六字真言等经咒，捆扎成串，用木棍竖立起来的旗子。因布条上画有风马一匹，寓意把祷文借风马传播到各处，故得名“风马旗”。现在风马旗的样式很多，出现的地方也很多，高山顶上、山间小道、建筑屋顶、房前屋后、寺院旁的空地、河边和桥上都可看到。风马旗还会竖立在村子内的空地上，以及用作集体祭祀的场所，或者神山、圣湖边上，供转经者或行人经过时将哈达系于其上，以祈求福佑。

⊙节日的经幡

⊙风马旗

⊙江孜县白居寺的转经廊

（3）转经轮

转经是藏族聚居区特有的一种宗教活动。这里所谈的转经轮并非藏族民众手持的转经筒，而是以固定的构筑物的形式存在的。在村落中，常常出现的是转经房和转经廊。这类建筑没有采光的要求，里面设置大型的转经轮，靠人力或其他动力转动。转经廊则是由多个转经轮排列而成，有的紧挨墙体设置，有的则安置在木制的架子上。转经廊常常在寺院四周，或者在村落特定的路线上，常常和玛尼墙并列设置。

（4）煨桑炉

煨桑是用松柏焚起袅袅烟雾，是藏族祭祀天地诸神的仪式，可以说是藏族先民“火崇拜”的表现形式。在藏族地区，除了寺院之外，几乎每

⊙室内的大转经筒

⊙煨桑炉

家每户都设置了煨桑炉。或者在村口，在河流、水井旁边，或者在院子中央，在屋顶依山处，都可见到煨桑炉的烟火。煨桑炉形状多样，以宝瓶状居多，刷以白色涂料。

（5）喇嘛塔

喇嘛塔在西藏的村落中也是比较常见的，它是个富含多种宗教文化意义的集合体。塔由

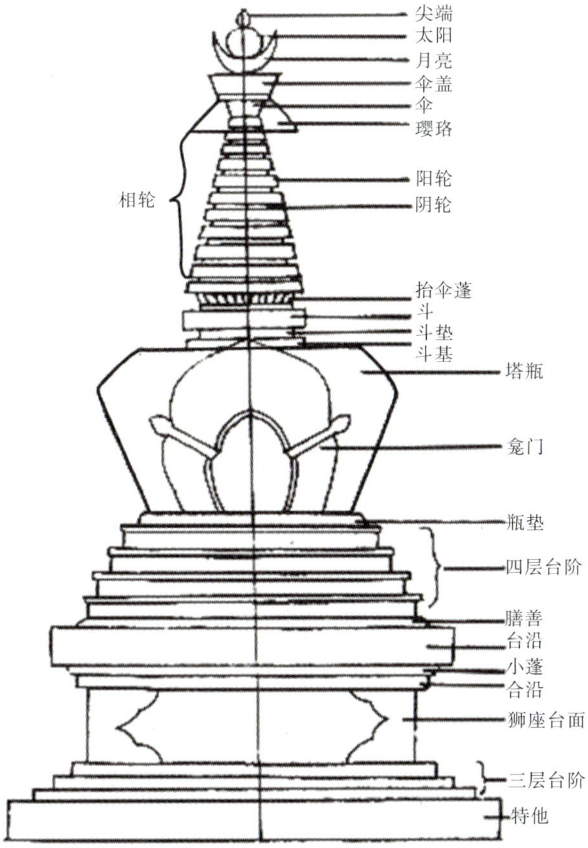

⊙藏式佛塔的范式

⊙藏式佛塔

塔基、塔身、相轮三部分组成。塔基一般为多层，其基座向内收分；塔身如瓶，平面呈圆形；相轮一般有十三层，向上收分，上方有伞、伞盖、月亮和太阳等。

五、西藏建筑群体的空间布局

1. 规整与自由相结合的特点

城镇聚落中的庄园建筑群与乡村聚落中的庄园建筑群相比，在建筑构成和空间布局上大同小异。一般都是由主楼和前院二层的裙房构成，平面略为错开，造成块体搭接，形成高低错落的格局。主体建筑主要用作庄园主的生活起居，以及礼佛的场所。也有管家的住房位于主体建筑内，但通常都设于裙房之中。在裙房中又安置了厨房、仓库、牲口棚、旧时农奴的住房，以及少数手工作坊等。一般底层用作仓库、牲口棚，二层安置厨房、住房等空间。

乡村聚落中，庄园建筑群的整体空间布局形态比较自由，没有明显的中轴线，也没有特定的格局。它们的兴建常因所处地形环境的不同而各异。有的庄园会在建筑周边修建一道甚至多道高大的围墙，修挖壕沟等工程设施以利防御。如朗赛林庄园就有两道城墙，内外墙之间还有宽约 5 米、深约 3 米的壕沟。甲马赤康庄园的墙垣亦高 3 丈（约 10 米）。庄园通常仍以主体建筑为中心，依院墙搭盖有马、羊、牛、驴等牲畜的棚圈，还有炒青稞间、燃料饲草间等；简陋的旧时农奴住房、手工作坊等附属建筑，以及林卡、打谷场等，亦位于其周边。这种布局，充分利用了低矮的次要建筑来衬托出主体建筑的雄伟。

琼结县强钦村的强钦庄园，其建筑群的空间布局也是比较典型的实例。该庄园建筑群的空间布局比较自由，面山依水。建筑的正立面、主入口都面向山体，可见是受到了“高山崇拜”观念的影响。整个庄园建筑群结构松散，完全是为旧时农奴主的生活和生产服务的。

庄园的林卡，即庄园的园林。在庄园建筑群中的布局，一般是设在庄园主楼前后，或者是在邻近主楼的开阔地段另外辟地造园。它类似于汉族的宅园或别墅园。园林与主楼相对独立，二者各成体系，周边以矮墙围绕。园林主要是供主人夏天避暑、消夏之用。

2. 院落空间的使用特点

西藏庄园的院落空间因庄园规模大小的不同，围合成院的要素也有差别。组合成院落空间

⊙强钦庄园建筑

⊙帕拉庄园的林卡建筑

的建筑单体有：一座三层的平顶楼房，正对宅院的入口；其余三面均为二层的平顶裙房；周匝回廊，与主体建筑连接较为紧密。另一种是建筑单体和院墙共同围合，形成院落空间。这种类型的院落空间多见于乡村聚落的庄园建筑中。日喀则市的帕拉庄园则综合了上述两种情形的院落空间布局。

3. 单体布局的特点

庄园建筑单体有楼房和平房两种建筑形式。庄园主体建筑主要是楼房，附属用房为楼房或者平房。庄园属民的住房多为平房，但也有较具经济实力的庄园属民，其住房为楼房。

（1）建筑的平面多为方形、矩形，或近似矩形，这与佛教坛城的方形空间概念有关。位于桑日县沃卡乡卡内村的卡内庄园，平面即为规整的正方形。同样位于沃卡乡的只龙庄园，主楼高三层，平面为长方形。厕所则突出于主体建筑，紧靠建筑的背立面墙体。也有的旱厕稍远离主楼建筑，通过走道或天桥与主楼建筑相连接，此类实例相对较少。

（2）建筑的朝向并不固定，常依据地形或因附近寺院位置的不同而有所改变。如同样位于山南市桑日县沃卡乡的卡内庄园和只龙庄园，前者坐西向东，后者却坐东向西稍偏南；而同属桑日县的鲁定颇章庄园则为坐北朝南。

（3）建筑多为天井式平顶楼房，有效地改善了建筑的通风采光，改善了建筑因跨度过大而出现黑暗空间的状况。日喀则市康马县的朗东庄园，其天井空间即于二层开始设置，共有三个此类空间。

（4）建筑内部空间复杂。上下楼层的空间划分形式多变，空间并不上下对应，上下楼层的柱子和墙体亦不完全贯通。以琼结县的普若庄园为例，其主体建筑高三层，底层的平面布局比较狭窄，多用厚重的墙体和粗大的柱子来划分空间。二层的中部空间为一内置的天井，周边为回廊空间，室内空间的划分较底层灵活了许多。顶层平面划分为三部分：房屋、天井和平屋顶阳台。其中后半部分是房屋，前半部分是二层的屋顶。

（5）建筑入口通常设于建筑的底层，通过木楼梯连接上层空间。也有的建筑入口设于二层，从室外的石砌楼梯拾级而上。如强钦庄园主体建筑的主入口，偏于主体建筑的一侧，有石砌台阶通达二层的平台，构成建筑的视觉中心。

（6）建筑内部连通各楼层以及屋顶的楼梯灵活多变，为方便主人生活而定。同时，这些木

强钦庄园的天井空间

强钦庄园直达二层的入口台阶

室内用于上下的独木楼梯

⊙民居二层（生活起居的空间）

质楼梯材质轻，便于灵活搬动，可以尽量少占用空间，这也是藏式建筑的共同特点之一。

（7）建筑的使用功能多样统一。楼房底层旧时常用作庄园仆役的住房，或作为酒窖，或者存放粮食、什物、生产工具，更有直接充当牲口圈的。在级别较高的庄园建筑中，常于一层或者地下空间设置监狱。二层以上是旧时农奴主的主要生活空间。其中向阳的房间多为旧时农奴主或庄园经管人的卧室和办事房，其余房间分别用作经堂、食品衣物储藏室、厨房等等。也有在二层设置各种手工作坊的，如日喀则市的帕拉庄园。

另外，值得一提的是庄园主体建筑的顶层空间。顶层空间一般分为两部分，一部分是房屋，另一部分是下一层的平屋顶，常可在上面晾晒衣物等。顶层开阔，有居高临下的优势，便于瞭望与防守。顶层其余的房间又叫作敞间，因为通风条件好，所以可供风干存放肉类或粮食之用。

六、西藏建筑的建造技术

西藏建筑的结构以石木和土木混合结构为主，采用木构梁柱与墙体共同承重的结构体系。西藏绝大部分地区石材资源充足，建筑材料以石材为主，如毛石、片石、碎石，而阿嘎土更是西藏地区特有的土质。柳木、杨木、松木是常用的建筑木材，主要产于林芝市和昌都市的森林地区。有一种生长在海拔四五千米的高原上的灌木，藏语称之为“边玛”。边玛树枝也是西藏所特有的建筑材料，而且它还是一种在建筑上体现社会等级的特殊材料。与建筑有关的技术和工艺，大致有建造技术、金属工艺、绘画装饰工艺

⊙达孜区塔吉乡民居的石筑外墙

等。这里从以下三个方面进行介绍。

1. 墙体

建筑的外墙有明显的收分，土坯墙的外墙收分较小；建筑内墙面垂直砌筑，无收分。这不仅可以使墙体的厚度逐渐递减，以节约建材、降低自重、减小墙体对地基的压力，而且还可避免墙体外倾，增强墙体自身的稳定性。同时，还增加了建筑物本身的艺术感染力。

建筑承重墙主要有两种砌筑方式：石块砌筑和夯土砌筑。庄园的主体建筑多用石块砌筑，也有底层用石块砌筑、上层用夯土砌筑的。其他附属房屋多用夯土砌筑。

藏族工匠们的砌反手墙技术也是石块砌筑技术中颇为突出的一点。在整个砌筑过程中，不搭设外脚手架；脚手架均搭设于内墙，从内向外反手砌筑。这也是藏式传统建筑的外墙特色。

夯土砌筑技术在建筑中的应用也比较普遍。工匠们会在墙体中适时加以横向和纵向的木筋，来增强墙体的整体性能，避免墙体开裂等。这种土坯墙作为建筑外墙时，外表常抹泥浆打底找平面，再用稀泥浆抹面后，即用五指在一定的宽度内画拱形。这种纹路被称为手抹彩虹纹，具有增加美观的装饰效果。

⊙吉祥八宝图

⊙牡丹图案

⊙日喀则老城区的民居彩绘

⊙琼结民居厨房墙面的绘画

⊙十相自在图（朗久旺丹）

⊙拉萨平康住宅壁画中的福禄寿三星

⊙昔日民居室内的梁架装饰（木雕与彩绘相结合）

教人物、故事，从神话传说到日常生活等，几乎无所不包，内容极为丰富。壁画绘制的题材、内容和色彩都受到汉地风格的影响。

⊙东坝乡军拥村民居中的替木彩绘

3. 木构架

主要房间的木构架装饰比较精细华丽，而附属用房的木构架装饰则比较简单。庄园建筑的木构架装饰则尽显富丽堂皇之貌，皆施以彩画。有的彩画还与木雕相结合。木雕技法有高浮雕、浅浮雕和线刻三种。

木柱柱顶常为坐斗状。柱身上部有卷草纹饰，或为绘画，或为浅浮雕。其上的两层雀替为整个梁柱节点的重点装饰部位，常用彩画或彩画与木雕相结合的方法。其图案有卷草、云纹、火焰纹、宝珠、佛像、动物等。梁上彩画采用分段、重复的方法，其图案多为卷草或卷草与“藏八宝”

⊙民居中的梁架彩绘

⊙东坝乡军拥村民居中的椽枋彩绘

等吉祥图案的结合，也有用佛像、动物、藏文或梵文咒语的。

梁上叠放数层枋木和出挑的短木椽。梁上的莲花枋木，得名于在其上刻出或画出莲瓣。枋木上面为逐层挑出的承托屋顶木椽的平椽。常见的是出挑两层短木椽，上层短木椽为深红色，下层短木椽为绿色。也有的椽头被饰以彩绘，广泛应用在门檐、窗檐等处。

⊙东坝乡军拥村民居中的椽底彩绘

4. 门窗

庄园建筑的门窗装饰较为考究，门窗的样式和装饰在一定程度上显示着主人的身份和地位。

门多为板门。门板涂饰的颜色有黑色或红色，也有保留材质本色的。日月、雍仲等符号是门板上比较常见的装饰内容。门板上常会包贴几条铁皮或铜皮的条带，条带两端装饰镂空铜叶。另外，门扇的装饰还有门环、门扣、门箍等，多为镏金铜饰。也有的门扇上饰有木雕、彩绘。

较高等级的庄园建筑的门窗会采用斗拱来承托门檐、窗檐的挑檐枋，斗拱饰以彩绘。

门框、窗框的木构件饰以五彩，层次感比较强，绘有莲花花瓣等图案。重要的门会在门框上雕刻出堆砌的小方格，再涂以五彩，称为“堆经”。

底层小窗多用木条组成菱花窗格，或做成直棂窗；上层多为瘦窄的矩形窗。也有宽大的

⊙民居门头装饰

⊙精美的门环装饰

⊙大门檐口斗拱的制作

昌珠镇

1. 村落历史

昌珠镇离山南市人民政府所在地泽当镇 2 千米，是乃东区辖镇。1959 年建昌珠乡，位于县境中部，距县城 5 千米，面积 38.2 平方千米。昌珠镇辖昌珠、玉沙、茶如、洞嘎、克松、克麦等 11 个社区。昌珠镇以农业为主，种植小麦、青稞。在去雍布拉康宫殿的沿途建有成排宽敞明亮的新房，路边还有很多温室和塑料大棚，山南市的市场上很多蔬菜就出自这里。

昌珠镇有很多“第一”，有西藏第一块农田“萨热索当”，有吐蕃时期第一批兴建的佛教寺院之一昌珠寺，还有西藏第一座宫殿“雍布拉康”。吐蕃时期修建的昌珠寺，是全国重点文物保护单位。莲花生和米拉日巴等佛教大师都曾在昌珠寺周围修行，其修行地遗址仍存，是佛教信徒朝拜的圣地。西藏最早的宫殿建筑雍布拉康也在此地。昌珠镇是探索雅砻河谷文化的必去之处。

2. 村落形态

昌珠镇的不少村落至今还保存着富有民族特色的风貌。昌珠镇是典型的西藏历史村镇，即先有寺院，后有村镇，整个村镇围绕着寺院展开，寺院建筑是整个村镇的中心和制高点，也是村镇中最宏伟、最富丽堂皇的建筑。除了寺院，大的村里还有旧时地主的庄园，以院落形式出现，主体是两三层楼，院落中有回廊。建筑的室内装修豪华。昌珠镇有多处这种旧时的庄园建筑。传统村落中的主要街巷往往都通往寺院，方便村民前往转经祈福。

昌珠寺正门的对面，如今是民俗文化村和昌珠广场。广场边的园林德娃林卡里，林木葱茏，是人们度假休闲的好去处。在民俗文化村里，可以品尝藏族的传统美食，欣赏到民族歌舞和藏戏。昌珠镇的雅砻扎西雪巴藏戏队历史悠久，远近闻名，演出的剧目很受当地群众和游客们的喜爱。

3. 特色建筑

（1）昌珠寺

昌珠寺位于山南市雅砻河东岸的贡布日山南麓，距乃东区约 2 千米，属格鲁派寺院，建于松赞干布时期。据说文成公主曾在该寺驻足修行。寺中悬挂着一口铜钟。昌珠寺系吐蕃时期第一批兴建的佛教寺院之一，地处昌珠镇中心。这里林木葱茏，风景绝佳，古往今来一直是山南的政治经济中心之一。

昌珠寺的重要建筑有大门、措钦大殿，大殿

主供是莲花生。措钦大殿东西长 45 米，南北宽 29 米。里边有天井、天棚，经堂有柱 64 根。主要佛殿有三间，形式与拉萨的大昭寺差不多。殿内有 12 座佛堂。

提到昌珠寺，就不得不提到它的镇寺之宝——珍珠唐卡。唐卡是西藏一种特殊的绘画品种，绘制的内容大都是佛祖菩萨、大德高僧和佛教故事，一直是寺院供奉的珍品。昌珠寺的这幅唐卡更是非同寻常。它不是将线条和色彩涂抹在丝绸布料上，而是用珍珠和彩色宝石镶嵌而成的。它制作于公元 14 世纪，距今已有 600 多年历史。这幅用珍珠串成线条绘出的《观世音菩萨憩息图》，是元末明初的西藏帕莫竹巴王朝时期，由当时的乃东王的王后出资制成的。整幅唐卡长 2 米，宽 1.2 米，镶嵌珍珠共计 29026 颗，钻石 1 颗，红宝石 2 颗，蓝宝石 1 颗，紫宝石 27.5 克，绿松石 45.5 克（计 185 粒），珊瑚 205 克（计 1997 颗），黄金 15.5 克。这幅珍珠唐卡原本属于孜措巴寺，后来孜措巴寺毁于战乱，珍珠唐卡也不知去向。“文革”期间，“红卫兵”在昌珠寺意外地把这幅珍珠唐卡给翻了出来，轰动了整个西藏。

（2）雍布拉康

雍布拉康位于山南市乃东区东南约 5 千米、雅砻河东岸、扎西次日山的山头上。“雍布”意为“母鹿”，“拉康”意为“神殿”。这座宫殿因位于形似母鹿的扎西次日山上而被称为“雍布拉康”。藏语“雍布拉康”又意为“母子宫”。寺的规模很小，但耸峙山头，居高临下，十分壮观。传说为第一代吐蕃赞普聂赤赞普所建，被认为是西藏最早的宫殿建筑。

雍布拉康分为两部分，前部是一幢有多层建筑的殿堂，后部是一座方形高层碉堡望楼，与前部相连。公元 5 世纪，吐蕃赞普拉托托日年赞时期，传说一本佛经从天而降，正好落在雍布拉康宫顶，当时无人能识。有圣人断言，到了公元 7—8 世纪就有人能解读此书。所以这本书被很好地保留在了雍布拉康。

公元 7 世纪，吐蕃赞普松赞干布迁都拉萨，雍布拉康也逐渐演变成了一座佛殿。第一层是供奉古代吐蕃赞普的大殿，中间是一尊佛像，佛像的左边是聂赤赞普，右边是松赞干布。楼上是一座非常漂亮、精致的经堂，主供佛是观音和释迦牟尼。雍布拉康经堂的这座观音像，据说与布达拉宫帕巴拉康的主供观音像是同时代的。经堂四周的墙上绘着精美的壁画，讲述着西藏的早期历史，其中最著名的要数靠左边的一幅壁画，描绘的是第一代吐蕃赞普聂赤赞普的故事。

民居建筑立面

昌珠镇街巷

古老的水渠

昌珠寺入口立面

昌珠寺西侧广场及文成公主雕像

昌珠寺院门

昌珠寺入口门廊

昌珠寺古老的门廊替木

⊙昌珠寺的大殿

⊙昌珠寺的后殿

⊙昌珠寺镇寺之宝珍珠唐卡

⊙松赞干布塑像

⊙松赞干布和文成公主、赤尊公主等塑像

⊙昌珠寺周边的民居

⊙雍布拉康周边雅砻河谷的农田

雍布拉康外观

雍布拉康入口

克麦庄园旧址

⊙雍布拉康经堂

⊙庄园建筑外观

⊙庄园建筑内院

赤康村

1. 村落历史

赤康村位于拉萨市墨竹工卡县甲玛乡，距拉萨市 72 千米，在墨竹工卡县县城以南 8 千米处，318 国道旁，交通极为便利。甲玛乡有三个行政村，分别是龙达村、赤康村和孜孜荣村。而赤康村就是著名的强巴敏久林宫遗址所在地，也是以前的霍尔康庄园的主体地。美丽的甲玛沟谷地四面环山，地势平整，粮田广袤，山野翠绿，历史上曾是有名的“粮仓”。千百年来滋润养育着赤康村村民的泉水——“松赞圣泉”还在静静地流淌。

甲玛乡是藏族英雄松赞干布的出生地，甲玛乡的赤康村又是元代萨迦地方政权时期西藏十三万户长的驻地和霍尔康庄园的遗址。村内还保留着贵族庄园特有的建筑形式，古围墙、古佛塔、古寺院等都烘托着该村的历史文化气息。霍尔康庄园是我国著名的爱国人士阿沛·阿旺晋美的出生地，还是藏族著名学者霍尔康·索朗边巴的故乡。

作为西藏农牧区庄园文化的遗存地之一，赤康村记录着西藏农牧区生产生活方式的历史变迁过程。甲玛沟又是通往桑耶寺的古道之一，与桑耶寺仅一山之隔，在吐蕃时期便是一条交通要道。据说，莲花生大师也曾走过此路线。甲玛沟沿途风景迷人，是游人非常感兴趣的徒步线路。由于赤康村特殊的地理位置，它还是“拉萨—林芝—山南”旅游东环线上的重要景点。

2. 村落形态

赤康村所在的甲玛乡，两边都是山，中间一条宽阔的谷地仿佛两臂环抱，因此，人们习惯上又称甲玛乡为“甲玛沟”。甲玛沟内泉水丰富，甲玛雄曲（河）流经谷地，谷地庄稼茂盛，绿树葱茏，环境优美，景色绝佳。据说，“赤康村”这一名字来自遥远的元代。卫藏十三万户之一的甲玛万户就在此村中，后来，此村村名一直沿用“万户府”之名，藏语称“赤康”。清代的赤康是霍尔康家族居住地。如今的赤康村，景色依旧。村中心是建于 1210 年的噶当派大佛塔，是信徒们为纪念当时的噶当派“善知识”卓滚·桑杰温而修筑的。如今，村的四周粮田纵横、新居幢幢，加上翻修而成的“霍尔康庄园”，构成了一座古朴与现代交相辉映的田园村落。

公元 617 年，松赞干布诞生在甲玛乡的强巴敏久林宫。今天的强巴敏久林宫已经修葺一新，建成了松赞干布纪念馆。纪念馆旁的碉楼高高屹立在一条宽阔的山谷里，而山谷旁边的山上还有三座白塔。松赞干布纪念馆有 8 个展厅，记载了松赞干布的成长历史、从雅砻河谷到拉萨的迁都过程，以及藏汉联姻后创立的丰功伟绩。

3. 特色建筑

（1）甲玛赤康（甲玛万户府）遗址

吐蕃王朝时期，甲玛赤康是王室大臣们的政治活动中心。6 世纪末期，王朝中心从这里向拉萨转移。元代时，甲玛赤康被元朝封为十三万户之一，即甲玛万户。“甲玛赤康”即为“甲玛万户”的藏语意思。到明代西藏的帕竹王朝时期，甲玛万户成了墨竹工卡宗下的一个溪卡（即庄园）。据《汉藏文书》记载，元代时，该万户有很大的辖区（从甲玛到彭域），该万户的万户长辖有 2950 户。

1640 年，蒙古贵族首领固始汗入藏，甲玛赤康的诸多古建筑遭到焚毁和破坏。现在遗留下来的城堡颇具规模，还保留着高三四米、厚一二米，总长有上百米的古城墙。残留的城墙下面基本是土堆，上面是石头和泥土，呈一段段的分布。沿着断壁残垣走过去，有个围成的院落。院落不大，里面就是当年的万户府，俗称甲玛王宫。

（2）霍尔康家族庄园遗址

甲玛赤康（甲玛万户府）存在的时间是从公元 1271 年至公元 1727 年，其后正值七世达赖时期，万户遗址成为了霍尔康家族庄园。周边城墙围护着庄园建筑，城墙院内有赤康贵族住房、库房、监狱及三座噶当派寺院。庄园坐北朝南，围墙东西长 250 米，南北宽 180 米，面积 45000 平方米。城墙四角各有一座碉楼，全部用石头砌成。城墙如今只保留了残迹。现存的城墙残高从 0.2 米至 4 米不等，宽约 2 米。

（3）寺院

赤康村所在的甲玛乡有三座著名的寺院。

①赤康拉康——位于甲玛乡赤康村。公元 1119 年由卓贡桑杰翁创建，属格鲁派。寺内主供观世音菩萨。

②布拉寺——位于甲玛乡龙达村，在赤康村外东面约 1 千米的山上，属格鲁派。寺内主供宗喀巴佛。这是一座尼姑寺院。

③松赞拉康——位于甲玛乡龙达村，紧邻赤康村。公元 7 世纪由松赞干布创建，属格鲁派，寺内主供松赞干布。1980 年修复开放。

（4）阿沛·阿旺晋美故居

著名的爱国人士阿沛·阿旺晋美出生在甲玛乡。距新建的“松赞干布纪念馆”不远处，是一座古老的庄园——赤康村霍尔康庄园，阿沛·阿旺晋美就成长在这个庄园里。

4. 表演艺术

甲玛乡赤康村有一种特殊的表演艺术，叫作“甲玛谐钦”。这种歌舞形式相传始于松赞干布时期，是一种边舞边唱的集体表演形式，有“锅庄”的影子。藏语“谐”意为歌舞，“钦”即盛况或隆重之意。“谐钦”就是在结婚典礼、迎请上层人士等盛大隆重的庆典场合表演的一种歌舞。这种表演形式广泛流传于西藏拉萨、山南、日喀则、阿里等地区。开始称“谐玛”，由 16 个女子表演；后来叫“谐巴谐玛”，由男女各 16 人一起演出；再往后称“谐钦”，由 16 人以上演出，人数不限，内容更加广泛。在继承和发展中，“甲玛谐钦”已形成一种独具本地特色的歌舞表演艺术，并于 2008 年被列为自治区级非物质文化遗产项目。

⊙鸟瞰甲玛沟赤康村

⊙甲玛沟入口处精美的藏式门楼

⊙甲玛沟丰富的泉水，是河流的源头

民居的入口

民居的柱梁结构

赤康拉康主殿入口

赤康拉康内院和门廊

新建的碉房

山坡上的布拉寺(尼姑寺院)

布拉寺院落

昔日的庄园

布拉寺主殿

布拉寺经堂

门士乡

1. 村落历史

噶尔县海拔4350米，位于狮泉河畔。“噶尔”，藏语意为“兵营、帐篷”。 在抗击克什米尔的森巴（锡克族）军队入侵时，清政府派蒙古族将领甘登次旺率军击退了敌军。当时清军曾在此地扎营，噶尔县由此而得名。

噶尔县门士乡距阿里地区行政公署所在地噶尔县狮泉河镇约210千米，新藏公路穿过门士乡境内，对外交通便利。门士乡辖两个行政村：门士村、索多村。门士乡地处古代象雄王朝的都城“琼隆银城”的范围。它还是西藏本教的发源地，保留了阿里唯一一座本教寺院故如甲木寺。寺院东北山崖上的一个山洞，被本教僧人和当地藏族民众认为是本教的创始人辛饶弥沃修行的地方。

经过文物部门和考古部门多年的探寻，通过对现场的调查和发掘，人们对“琼隆银城”的位置有了新的发现，基本确认它的遗址就在故如甲木寺东侧2千米的卡尔东城址。十余万平方米的山上，有垒石而成的城堡的遗址，以及祭祀的场所。考古部门还在故如甲木寺门前发现了象雄时期的古墓葬群，发掘出大件青铜器皿、微型黄金面具、中原式铁剑，以及大量殉葬动物的骨骼等，充分表明故如甲木寺和卡尔东城址都与象雄都城“琼隆银城”有着密不可分的联系。这些新的发现，填补了以前对吐蕃时期这段历史研究的空白，使年代链条初步完整起来。

2. 村落形态

（1）古代象雄都城遗址

象雄王朝的都城是琼隆银城，这一点在本教文献《瞻部洲雪山之王冈底斯山志意乐梵音》中有过相关的记载。有关琼隆银城的具体位置，多年来国内外学者进行过相关的研究考证，认为在冈底斯山以南大约60千米处的噶尔县门士乡。近年来，中国社会科学院考古研究所与西藏自治区文物保护研究所联合，对阿里地区的噶尔县门士乡卡尔东城址（传说中的象雄都城琼隆银城）做了考古测绘和勘查，查清了遗址的分布和保存现状。这个遗址当地人称为“喀尔东”。“喀尔”是城堡的意思，“东”是山梁的喻义。琼隆银城位于海拔4400米的卡尔东山顶上，距门士乡乡政府约20千米，遗址面积有十余万平方米。遗址上保存了乱石垒砌的城墙，还有圆形的用于祭祀活动的石围栏。在较为平坦的山顶上，后人垒了一座石屋，里面塑了一尊走形的本教祖师像。从山顶上向西望去，山下2千米的象泉河河谷平坦处，是故如甲木寺。寺旁一侧的山腰上，有本教始祖辛饶弥沃修行的洞窟。

（2）曲龙村

另一处传说中的琼隆银城的遗址，位于札达县达巴乡曲龙村，紧邻噶尔县门士乡，是札达县最远的一个村，距卡尔东城址约 15 千米，在象泉河的下游方向。出了故如甲木寺，顺着河畔的乡间公路就能到达曲龙村。村落南边 1 千米处是一大片天然土林，光秃秃的山包，寸草不生。太阳照在土林上，一片银白，有学者认为这里也符合古代象雄王朝的都城琼隆银城的特征。这里分布着大大小小的山包，沟壑纵横。在方圆数平方千米以内，有着蜂巢一样的洞穴，大小不等，和阿里地区的洞窟住宅十分类似，其中还发现了有壁画的修行洞窟。在山沟的入口有寺院遗址，还有很多佛塔遗迹。一些砖塔保存尚完整，散落的经书和擦擦（模制的泥佛或泥塔）在塔内或洞窟内时有发现。山头最高处有建筑遗址，但体量不大。根据现场的踏勘，对比阿里土林的多处洞窟，可以推断，曲龙洞窟开凿时间最早可追溯到吐蕃时期，并且一直在使用，废弃的时间不算很长，估计是西藏和平解放前后的事。西藏和平解放前，阿里地区还有村民居住在土林凿出的洞窟里。随着生活条件的改善，村民们都搬出洞窟，在山下靠水源的地方建起村落，盖起碉房，定居下来。曲龙石窟的组群及规模充分说明这里是古象雄时期以来的藏民聚落，它与卡尔东城址的宫殿有着必然的联系。

3. 特色建筑

（1）故如甲木寺

20 世纪 30 年代，来自藏北那曲地区的本教大师珍巴南卡，游学来到阿里，发现了古代象雄——本教的发源地，但已难觅本教踪迹。于是他下定决心，一定要在自己的有生之年在阿里修建一座本教寺院。1936 年，他在冈仁波齐山西南方向 60 千米的琼隆河谷，选择靠近琼隆银城的地点，修建了阿里至今唯一的一座本教寺院故如甲木寺。除了上述原因，珍巴南卡还考虑到，寺院东北方的山崖上的一个山洞被本教僧人和当地藏族民众认为是本教的发源地、创始人辛饶弥沃修行的洞窟。他为寺院选了这个极佳的圣地，也表明自己继承了本教的正统地位。

该寺在“文革”期间被毁，1983 年国家拨款重建。目前，故如甲木寺已被修复成为具有一定规模的本教寺院，成为了解和研究阿里古代象雄文化不可或缺的活课本。故如甲木寺的主要建筑由卡洞拉康、祖拉康、藏康、噶丹居拉康等组成。寺内主要供奉珍巴南卡大师的塑像、佛母强玛的金铜像、敦巴赤祖甲瓦和塘玛美珍的铜质像、琼钦仁波切的泥塑像，以及本教唐卡 12 幅；此外，还供奉有佛塔、法器，以及《本教大藏经》等经典。

（2）故如甲木墓

2012 年 6 月至 8 月，中国社会科学院考古研究所与西藏自治区文物保护研究所联合，对西藏阿里地区的噶尔县门士乡卡尔东城址（传说中的象雄都城琼隆银城）及故如甲木墓地进行了测绘和试掘。发掘表明故如甲木墓地是一处分布相当密集的象雄时期古墓群（相当于中原的汉晋时期），并与象雄都城琼隆银城有着密不可分的关系。墓葬中出土的微型黄金面具，与西藏札达县和接壤国印度的北部地区发现的黄金面具同属一个文化系统。

考古队还清理了先前在本教寺院故如甲木寺门前发现的一座古墓葬，发掘出大件青铜器皿、微型黄金面具、中原式铁剑及大量殉葬动物骨骼等，与 2006 年故如甲木寺僧人所清理出的器物风格一致，显示出古代这里与邻近的西藏札达地区、新疆南部地区、中原地区，以及接壤国印度的北部地区都存在着广泛的文化联系。填补了对 4—6 世纪象雄繁荣期的历史研究的空白。

阿里土林地貌

曲龙村土林洞窟群

◎故如甲木寺中的珍巴南卡大师灵塔

故如甲木寺大殿入口

故如甲木寺的经书架

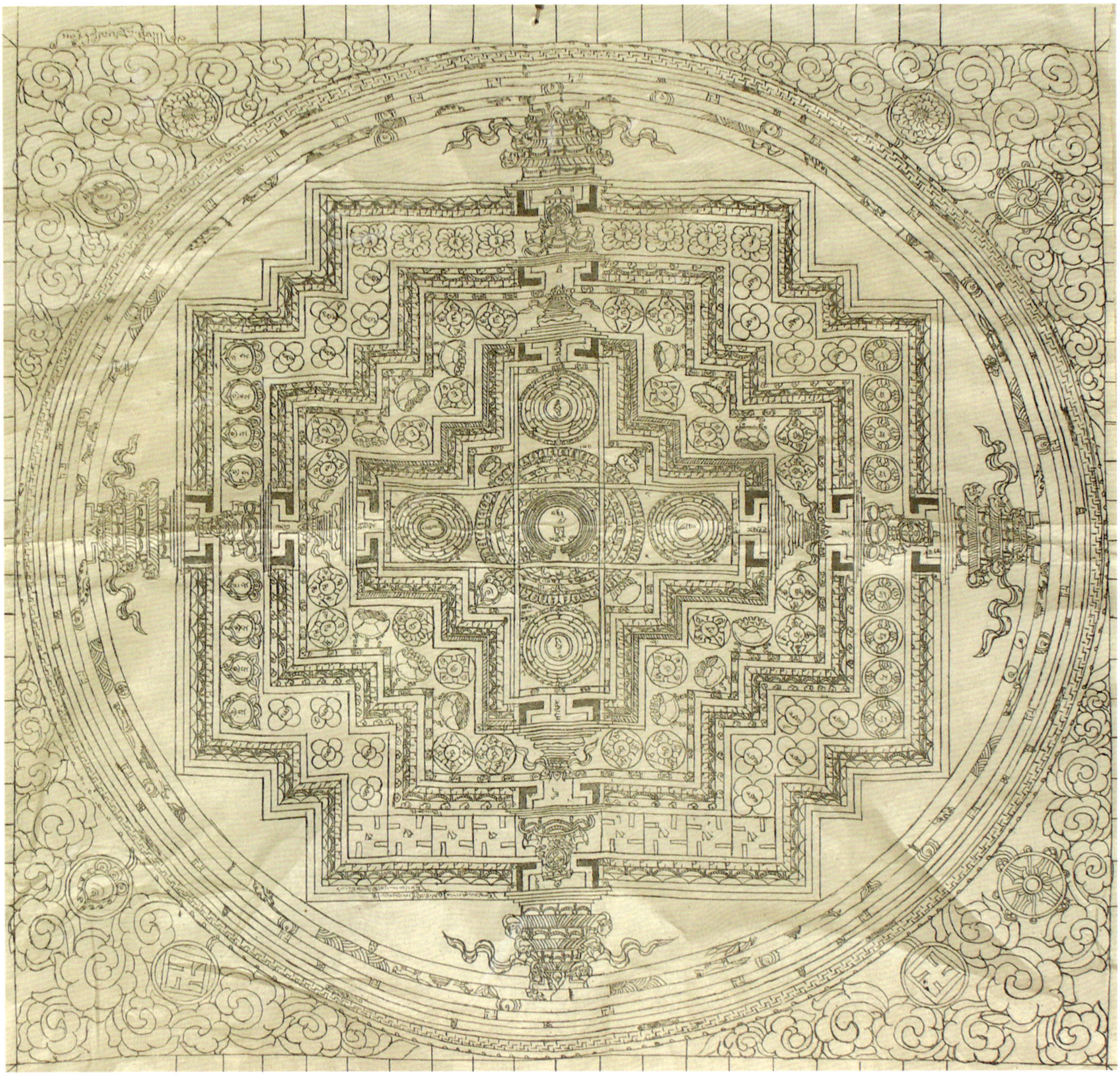

⊙故如甲木寺本教坛城图

鸟瞰故如甲木寺

2006 年故如甲木寺墓葬出土的陶器

2006 年故如甲木寺墓葬出土的青铜器

⊙卡尔东城堡遗址

⊙卡尔东城堡山顶祭坛遗址

⊙卡尔东城堡遗址山顶新建的本教寺内的塑像

⊙本教的创始人辛饶弥沃修行的石窟外景

佛塔遗迹

塔里的擦擦

洞窟住宅

⊙新建寺院的佛殿外观

⊙流经门士乡的象泉河

⊙山沟中的塔群遗址

科迦村

1. 村落历史

普兰县地处西藏西南部、阿里地区南部、喜马拉雅山南侧的峡谷地带，与印度、尼泊尔两国接壤，是阿里地区的边境县之一，面积12497平方千米。该县以高原山地为主，中部较高。境内山高谷深，山峦起伏，形成千姿百态、雄伟壮观、秀丽多姿的高原地貌。全县辖1个镇、2个乡，共有1个社区、9个行政村。科迦村隶属于普兰镇。

科迦村位于孔雀河东岸，普兰县县城南边，距离县城约20千米。这里正是河流拐弯的河曲地带，土地肥沃，水源充沛。因受到孟加拉地区湿润空气的影响，这里形成了宜人的高原小气候。该地区属于高原亚寒带干旱气候区。相对于阿里高原整体的气候而言，科迦村所属的孔雀河流域是最为温暖湿润的地方，气候温和，日照充足，年温差、日温差较大，年平均温度为0.2℃，年极端最低温度为-29℃，年平均无霜期达119天。

2. 村落形态

科迦村坐落在孔雀河沿岸，是个依山傍水的大村子，位于宽阔的适宜农耕的山坡河谷地带，山麓与缓坡地带分布着大片的耕地。科迦村物阜民丰，全赖这条奔流不息的孔雀河。村落四周被群山环绕，山势多险峻陡峭。村子斜对面是被当地人奉为“长寿女神雪山”的康次仁雪山。

科迦村的居民住宅并无事先的统一规划。民居散布在孔雀河河曲东北的地块，按照其集中的态势大体可以分为两部分：一部分在紧挨河流的较为平坦的地带，以科迦寺为中心作环抱状；另一部分则分布在缓坡地带，沿山势自上而下排布，被两侧大片的耕地所夹，形成依山势而成的狭长地块。另外西北的山腰上零散地分布了几户人家，再往上就是该村赞神加日布休丹的庙宇。

该村有四个特点：①人口比较集中；②村庄中有寺院，宗教文化氛围非常浓厚；③交通比较便利，村庄紧邻公路；④与尼泊尔接壤，在村庄的山头就能看到尼泊尔的村落，曾受到异域文化的影响。

3. 特色建筑

（1）科迦寺

科迦寺是阿里地区的古老寺院之一，建于公元996年。该寺在国内外享有很高的声誉。“科迦”，藏语是“依赖于此地，扎根于此地”的意思。

科迦寺早期的教派为藏传佛教噶当派祖师阿底峡的传承教派。公元13世纪初，藏传佛教直贡噶举派在普兰的神山圣湖之间越发活跃，普兰王便将科迦寺交付给直贡噶举派的大师们，于是科迦寺改宗为直贡噶举派，成了直贡噶举派在神山的重要活动中心。公元15世纪，科迦寺又改宗为藏传佛教萨迦派，传承至今。

由于科迦寺地处中国与尼泊尔的边境地区，加之“科迦觉沃”（指被称为“科迦觉沃”的三尊银像，分别为文殊、观世音、金刚持三位菩萨）的盛名，尼泊尔及印度的许多信徒前来朝圣，该寺成为不同地区宗教文化的汇集地。

科迦寺的围墙入口朝东，院内现存两座旧殿堂——嘎加拉康（即百柱殿）和觉康（即释迦殿），均为若干房间组成的复合二层多边形建筑。觉康入口朝北，嘎加拉康入口朝东。两殿呈“L”形布置，之间形成一个小广场，广场上有水井、经幢和香炉。嘎加拉康的紧南侧是近年才重建的玛尼拉康，为方形建筑，内有巨大的玛尼轮（即转经轮）。嘎加拉康西侧紧邻着科迦村与外界联系的主要道路。寺院建筑四周保留着转经道，有的部分为暗道，从民居建筑的下部穿过。

（2）科迦村老宅

距离科迦寺东北方向约1千米的山坡上，有几栋依山就势建成的民居。其中一栋两层的碉房建筑，是当地最古老的民宅。它的平面布局和结构形式是藏式传统建筑的典型。楼底层的房间充当饲料、草料仓库或牲畜圈，层高低矮。二楼是卧室、起居室，还有祭祀和礼拜的经堂。经堂的墙面保留了精美的藏式壁画，构图均衡，色彩饱满，在当地的其他民宅中尚未见过。

4. 传统服饰

阿里地区最著名的民俗服饰非普兰传统服饰莫属。

生活在孔雀河畔的普兰妇女，均拥有一种贵重的、世代相传的民族服饰。这种服饰只在盛大节日及宗教庆典的时候才会穿戴，难得一见。

据当地人介绍，该服饰十分华丽，从上到下用了黄金、白银、松石、珍珠、玛瑙等多种饰品来装点衣领、肩膀、腰封等部位，重达十几斤，价值不菲。服装以毛呢料为主，色彩鲜艳。头饰亦装饰了多种珠宝，中央垂下珠宝串帘，几乎遮住面部。头饰与服装相呼应，整体和谐富贵，反映了普兰人的审美观以及历史上生活的富足。

科迦寺与科迦村空间关系示意图

⊙从村东山坡看科迦寺和村落民居

⊙科迦村传统民居外墙

山坡上的科迦村民居

村内的道路

⊙科迦村老宅

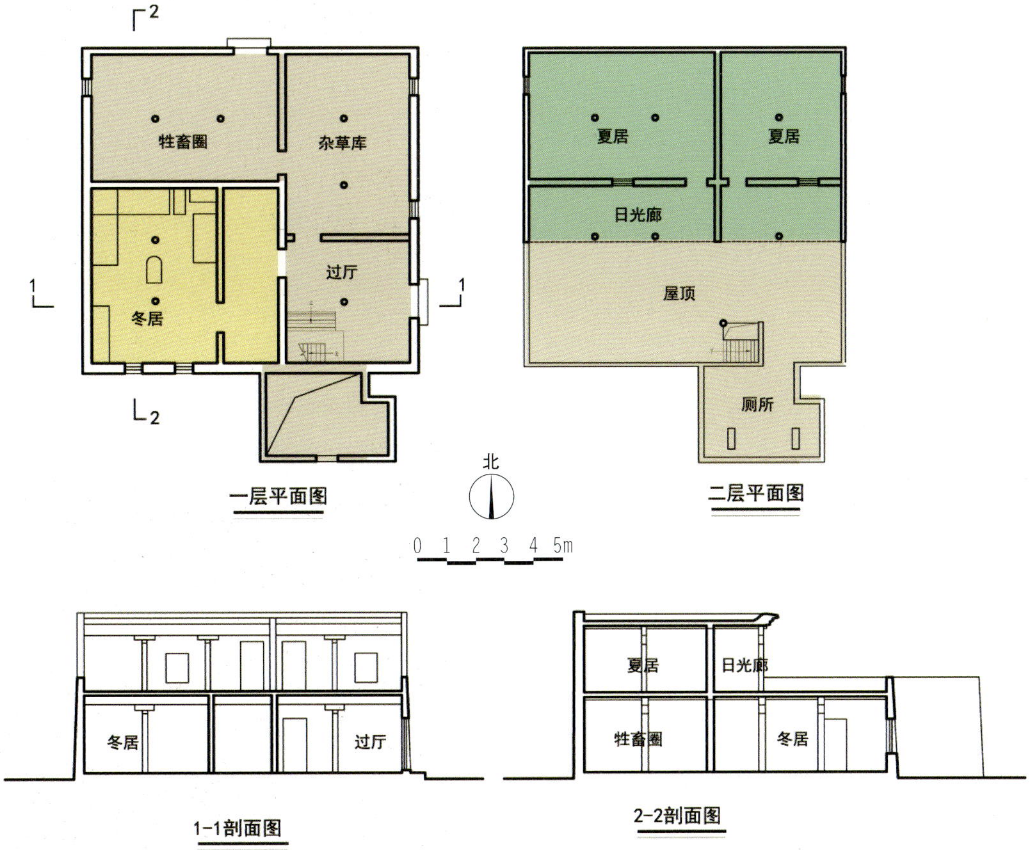

⊙科迦村老宅平面图、剖面图

科迦村老宅大门的门闩

民居经堂

民居中的独木楼梯

民居经堂的壁画

⊙远眺科迦寺

⊙从科迦寺看科迦村新宅

科迦寺觉康外观

科迦寺觉康门廊

科迦寺觉康经堂

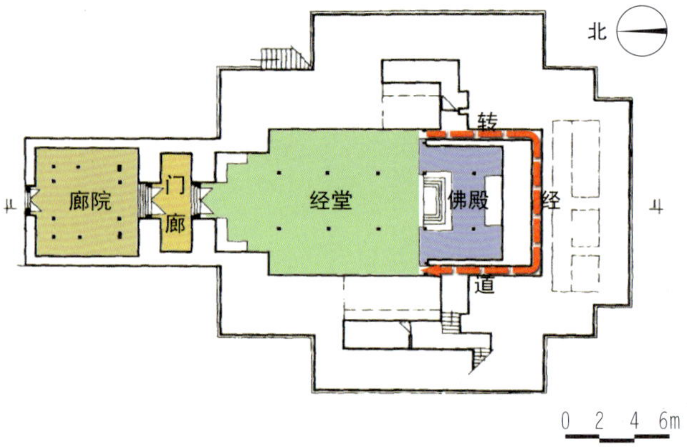

⊙科迦寺觉康一层平面图

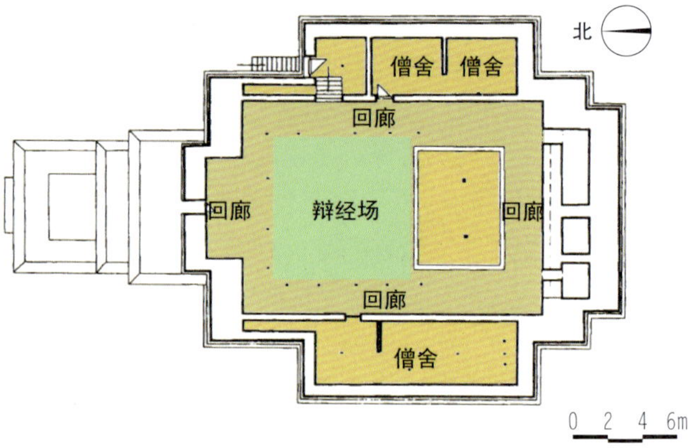

⊙科迦寺觉康二层平面图

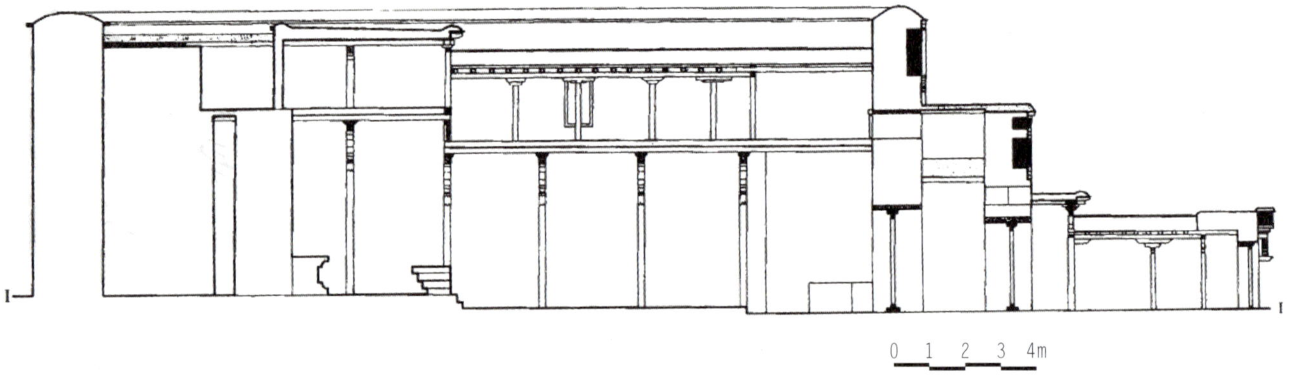

⊙科迦寺觉康剖面图

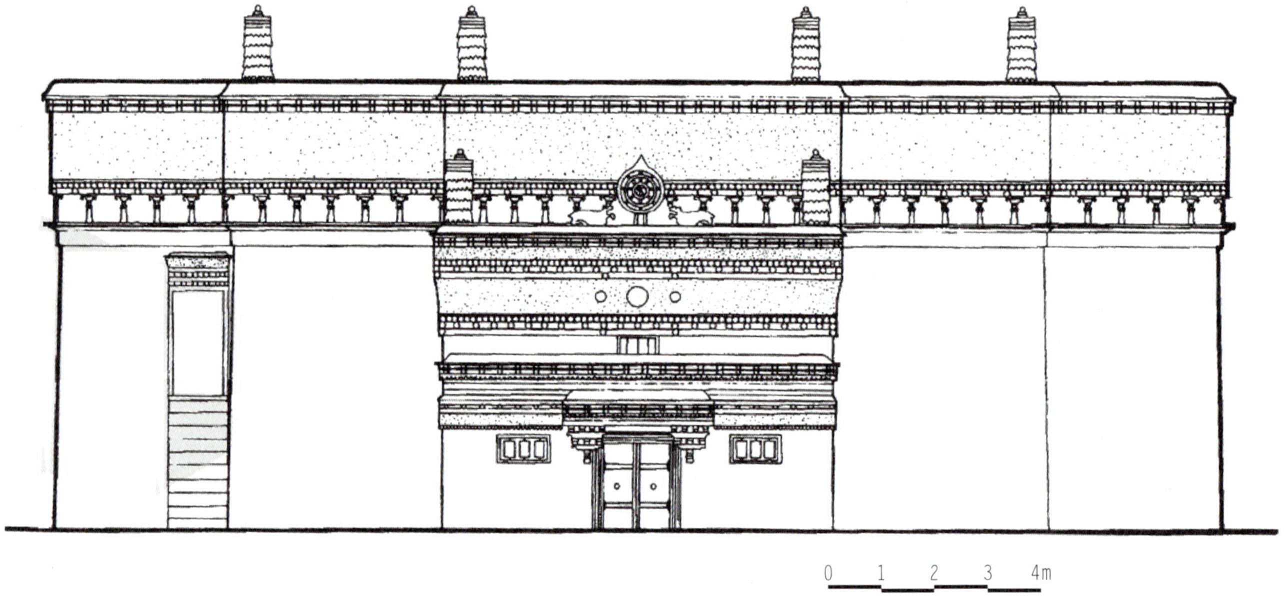

⊙科迦寺觉康立面图

科迦寺嘎加拉康外观

⊙科迦寺嘎加拉康大门精美的雕刻

⊙科迦寺中的玛尼石刻

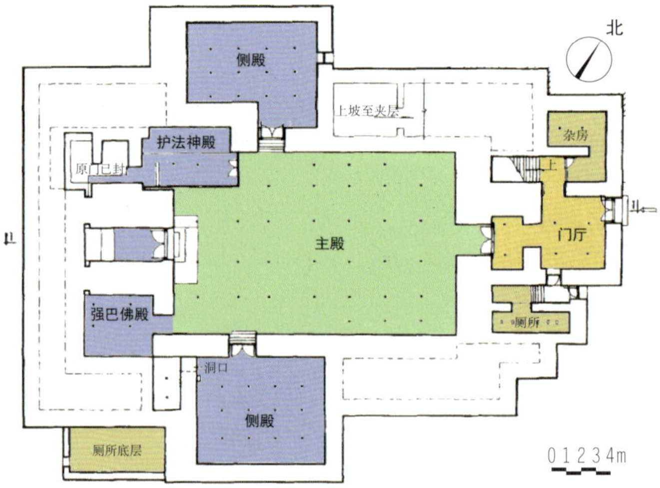

⊙科迦寺嘎加拉康平面图

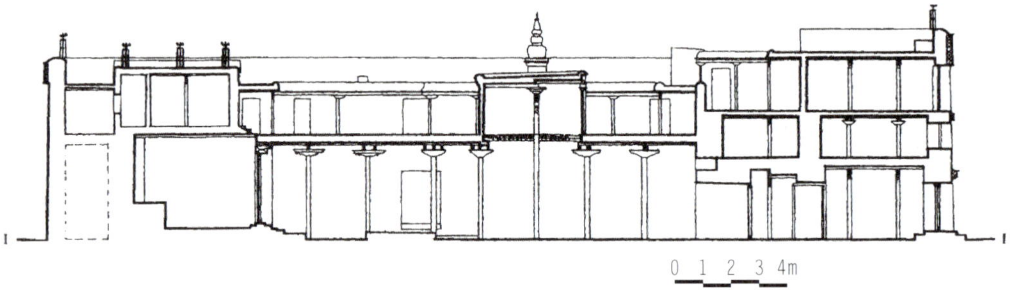

⊙科迦寺嘎加拉康剖面图

皮央村、东嘎村

1. 村落历史

札达县地处西藏西部的阿里地区，位于象泉河流域，为西藏自治区边境县之一。面积 24601 平方千米。全县辖 1 个镇、6 个乡：托林镇、萨让乡、达巴乡、底雅乡、香孜乡、曲松乡、楚鲁松杰乡。境内著名的古格王朝遗址是全国重点文物保护单位。象泉河两岸土山林立，蜿蜒曲折数十里，形成独特的地貌结构。在土山中已发现藏族先民遗留的 400 多座洞窟，这些洞窟形成了以象泉河流域为主要分布区的古建筑群。

皮央村和东嘎村两村均在札达县境内，海拔高度约 4100 米。两村居民都过着半农半牧的生活。

皮央·东嘎是一处集佛教石窟、佛寺、佛塔、墓葬、岩画、村落于一体的大型遗址，大约在 1992 年被考古学家发现并进行发掘。其中的遗迹大多分布在相距很近的皮央、东嘎两村，因而考古学家将其命名为“皮央·东嘎遗址”。

2. 村落形态

皮央·东嘎遗址位于札达县县城以北约 30 千米处。在象泉河的北岸，有一条东西长约 3.5 千米、南北宽约 800 米的狭长形沟谷。皮央村位于沟谷的西面，地势较低，主要由佛寺与洞窟共同组成；东嘎村位于沟谷的东面，地势较高，主要由佛寺、石窟、佛塔组成。遗址的总面积约 2.8 平方千米，可划分为“皮央遗址区”和“东嘎遗址区”，两处相距 1.5 千米，有石窟近千座。石窟主要有礼佛窟、修行窟、生活窟等。很多洞窟是修行与生活起居相结合的。这里的大量洞窟形成了洞窟群落。从保留下来的洞窟来看，这里有过辉煌的历史。那一时期僧侣集中，佛教兴盛，带动人口的聚集，形成了佛教文化的中心和对外交流的窗口。

皮央村和东嘎村属于带状型村落。带状型村落指的是村落随地势或河流变化而延伸或环绕，形成带形布局。这种村落或沿河岸、山体的走向一字排开，或以道路为轴，在两侧安排建筑，故而该种村落的选址模式多为山麓河岸型或山腰缓坡型。这种村子一般规模较小，户数较少。

3. 特色建筑

（1）皮央遗址

皮央遗址坐落在沟谷西面河岸台地的山丘上，东南坡地上为现在的皮央村。该山丘接近东西走向，山顶便是皮央新寺与城堡。山腰及山脚处开凿洞窟近千座，排列十分紧密。现在大部分洞窟的内部或洞外的道路已坍塌，无法进入。

（2）扎西曲林寺

扎西曲林寺位于东嘎山的山顶，相传该寺是噶当派祖师阿底峡的弟子甲央西德所建。但寺院的壁画中已出现格鲁派创立者宗喀巴的塑像，说明其建造年代可能在公元 15 世纪之后。也可能在公元 15 世纪左右，寺院受到了格鲁派的影响，继而在建筑中表现出格鲁派的元素。其废弃年代可能与古格王朝消亡的年代（300 多年前）相同。

（3）东嘎石窟

东嘎石窟遗址位于阿里地区札达县县城以北 30 余千米的东嘎村，海拔 4100 米左右。西藏古格时代的宗教艺术在这里遗存较多，主要有古格王朝遗址的白庙和红庙中的壁画、札达县托林寺的壁画、札达县喀泽聂拉康石窟的壁画、皮央·东嘎石窟遗址的壁画等。有关考古资料介绍，东嘎石窟是西藏西部后弘期早期佛教文化复兴时期的主要艺术遗存之一，是现存古格王朝石窟群中规模最大的一处，是目前所发现的海拔最高、壁画面积最大的高原石窟群，也是西藏西部保存较完好、内容较丰富的石窟壁画之一。

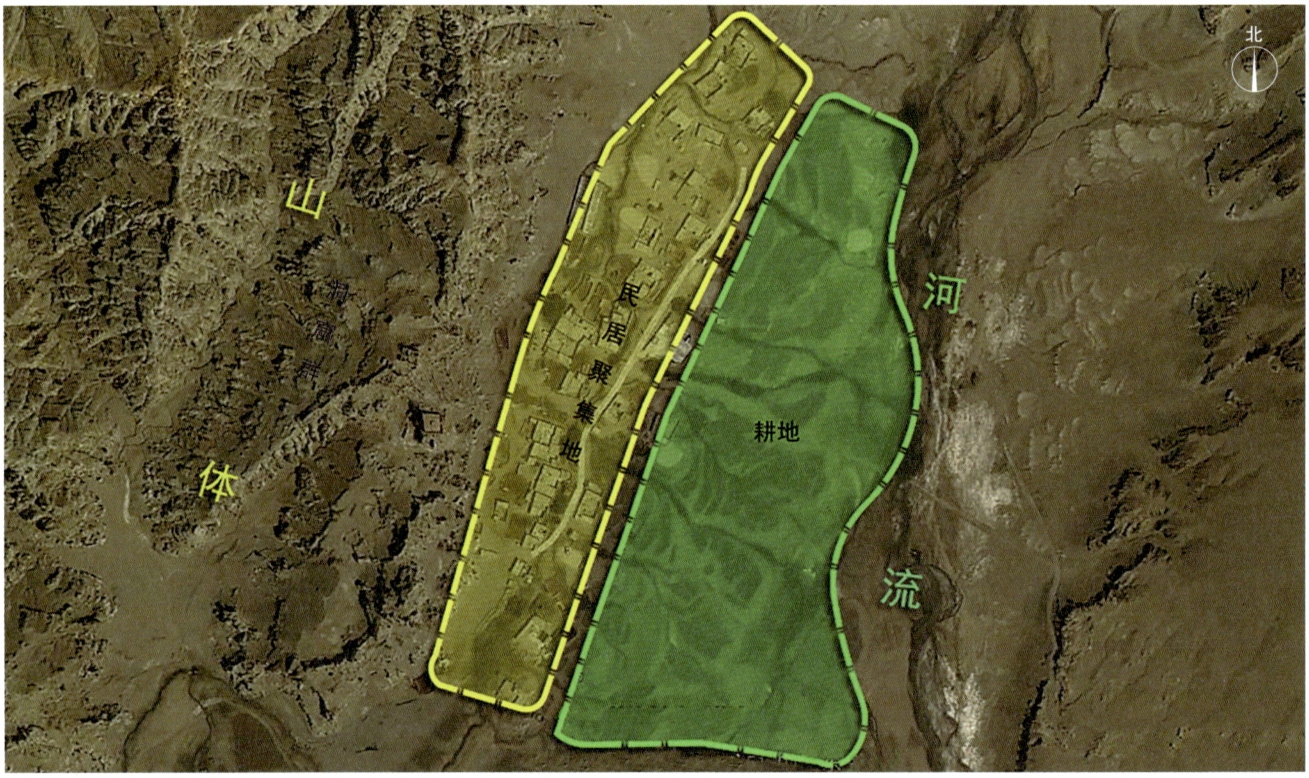

⊙皮央村、东嘎村村落分析图

◎鸟瞰东嘎村

皮央洞窟群立面

⊙皮央寺遗址

⊙皮央寺杜康大殿遗址（红色建筑体）

⊙皮央寺遗址的壁画

⊙皮央寺遗址的壁画

⊙东嘎村遗址佛塔内的擦擦

⊙位于山顶的扎西曲林寺遗址

⊙东嘎坛城的精美壁画

东嘎佛教洞窟的方形藻井

东嘎佛教洞窟的圆形藻井

萨迦镇

1. 村落历史

萨迦县位于西藏自治区南部、日喀则市中部、雅鲁藏布江南岸，距日喀则市150千米，总面积8126平方千米。县城地处喜马拉雅山和冈底斯山之间，地势南北高、中部低。境内最高峰海拔6092米。有仲曲河、夏布曲河等河流。属高原温带半干旱季风气候。全县辖2个镇、9个乡，其中萨迦镇辖6个行政村。

萨迦，藏语意为“灰白土”。 萨迦是“萨迦地方政权”和“萨迦派”的发源地。11世纪，昆·贡却杰布为传授佛教新密法，在仲曲河北岸山坡上建寺，名为“萨迦寺”。13世纪，元朝在此建立了萨迦地方政权，统治西藏近百年。14世纪以后，萨迦地方政权丧失了统治西藏的权力，但仍有领地，割据一方。萨迦法王世袭相传至1959年。

2. 村落形态

萨迦镇的村落形态布局与萨迦寺是分不开的，而萨迦寺又分为南寺和北寺。萨迦北寺的出现是在公元1073年，这已经是吐蕃后期。40岁的昆·贡却杰布来到萨迦出游传教，看中了温波山，决定在此建立寺院。而这里原来是归地主所有，昆·贡却杰布就花钱从地主手中买下了此地。这里原本居住着当地人，故而萨迦北寺是出现在当地民居之后的。萨迦北寺在其后长达900余年的建设中，陆续建起了20多座佛殿。这些佛殿散布在温波山南坡面积达73万平方米的地方，而当初的民居多集中在北寺的东南方向，可以推想当年萨迦雪主要集中在北寺的东南。“萨迦雪”是萨迦民居的藏语音译。“雪”是西藏一种独特的建筑，建在寺院周围的民居都被称为“雪”，并被冠以寺院名。萨迦雪就是萨迦寺周围的民居。

萨迦南寺出现的情况恰好与北寺相反。南寺最先建立在仲曲河南岸的平原上，周边的萨迦雪是由寺院出资修建的，用于安置修建寺院的工匠和来进香的香客。随着时间的推移，周边的萨迦雪逐渐形成村落。后来寺院停止了出资修建，而改由当地居民自行修建。因此，萨迦南寺周边的民居也逐渐形成。萨迦雪主要集中在寺院的东、南、北三面，西面出于寺院自身发展的考虑而留有余地。

3. 特色建筑

（1）萨迦北寺遗址

萨迦南北两寺中最先建造的是萨迦北寺。公元1073年，由吐蕃贵族昆氏家族的后裔昆·贡却杰布在今萨迦北寺的位置上，首先修建了一座修法小寺，后被称为“萨迦阔布”。因为萨迦寺在建寺初期佛法还不算完备，所以萨迦教派未流传开来，萨迦寺的初期建筑也相对比较简陋。

受当时中原文化的影响，西藏的建筑选址，特别是寺院选址，讲究地形、风向和采光等诸多因素。这些因素可归结为“乘山、得光、避风、走水”四大选址原则。西藏地区的很多寺院都或多或少地遵循这些原则，萨迦寺的选址也是四大原则的具体体现。萨迦北寺建筑在温波山南坡。背后山势高峻，地形险要；南面地形开敞，面对萨迦县县城。这种选址能够明显减少阴冷刺骨的北风的侵袭，并充分享受阳光。萨迦北寺的选址还靠近水源（寺脚下有仲曲河流过），正符合“佛教的源头”之意。

萨迦北寺的主要建筑乌孜宁玛大殿是由昆·贡嘎宁布创建的。其后代索南孜摩、扎巴坚赞等又加以扩建，后来还加建了金顶，使这一建筑更加壮丽。元朝时在大殿的西侧又建一座八根柱子的配殿，俗称乌孜萨玛殿。以后历代萨迦法王陆续在山坡上加以扩建，增加了许多建筑，使萨迦北寺逐渐形成了逶迤重叠、规模宏大的寺院建筑群。由于温波山为灰白色土壤，故在此修建的寺院也称为萨迦（意为灰白色土）寺。据传萨迦北寺共有拉康（佛殿）、贡康（护法殿）、颇章（宫殿）、拉章（住持的宅邸）等建筑 108 座。

14 世纪以后，随着宗教活动中心逐渐向南寺转移，北寺不再有大规模的建设，到了近代更为冷落。20 世纪 50 年代已经有不少建筑坍塌，再加上 60 年代的人为破坏，大多数建筑仅存高低错落的残垣断壁，只有贡康努、拉章夏、仁钦岗、森康宁巴等少数建筑在 21 世纪初进行了修复。

（2）萨迦南寺

萨迦南寺是元朝国师八思巴委托萨迦首任本钦释迦桑布于公元 1268 年开始兴建的，至第九任本钦阿伦于公元 1295 年建造寺外城墙为止，历经长达 27 年的陆续修建，方才建成。萨迦南寺在位置上与萨迦北寺恰好形成一高一低、一南一北、遥相呼应的对称之势。

建在仲曲河南岸平地上的萨迦南寺，是一座城堡式的寺院建筑。当年选择建筑地点时，僧侣们一致认为要选择有利于防守、有利于防火的地点，于是便在温波山上和巴钦颇章山上各架设一门火炮，向山下打石选点。结果一石落在后来的萨迦南寺大殿门前左侧位置，一石落在后来的萨迦南寺大殿广场中央位置，地面还涌出了泉水。人们认为这是祥瑞之兆，便决定在此建寺。南寺的主要建筑是在统一设计后陆续建造的，显得集中而规整。城墙分为内外两重。内城高大厚实，东面开设大门，四角设有角楼，城墙四面均设有马面，顶部原有垛口，并可供人环绕行走。外城墙（羊马城）的墙体则相对低矮，用土坯或夯土筑成，外城之外还有护城河。

由于战争和自然的侵蚀，萨迦南寺在历史上曾经多次修葺。我们现在所见的建筑为 1945 年全面维修时的面貌，在布局和风格上仍然比较忠实地保存了原有建筑的形式。整座建筑坐西朝东，占地约 4.5 万平方米。主殿居中，高三层，平面呈四方形坛城模式，由拉康钦莫大殿（又称萨迦大殿）、则庆拉康、扎仓、僧舍、城墙以及城墙上的望楼等建筑单元组成，是一座根据密宗坛城模式设计、集藏式和汉式建筑风格于一体的大型建筑。

4. 历史文物

萨迦寺以经书、佛像、瓷器和壁画著称于世，被誉为“第二敦煌”。在萨迦南寺，最令人震撼的，就是大经堂西墙正面以及南、北两面墙壁上摆满了 8 万多部经书。这就是高 10 米、长 60 米的经书墙。经书架由地面直达殿顶。据寺内喇嘛估计，这些经书约有 8.4 万卷，光研究这些经书的目录也要 100 年。这在整个中国乃至世界，都是独一无二的。除此之外，萨迦寺里还藏有世间存数极少、极其珍贵的贝叶经。它是人们研究古代西藏的语言文字、宗教文化艺术的重要原始资料。

⊙萨迦镇总平面示意图

从温波山看萨迦镇的村落布局形态

鸟瞰萨迦南寺

⊙从萨迦南寺看萨迦北寺遗址

萨迦南寺大殿入口立面

萨迦南寺大殿内的壁画

萨迦南寺内主供的上师铜像

萨迦南寺的经书墙(殿内沿墙壁放置的书架上，摆满了珍贵的经书)

萨迦南寺富有特色的上下通道

在萨迦南寺转经的村民

萨迦南寺外围的城墙和角楼

背水的村民

村民们在萨迦南寺前的广场上跳锅庄舞

萨迦镇民居入口,上方装有风力转经筒

仲曲河畔的民居

⊙流经萨迦镇的仲曲河

⊙河流与民居

⊙从萨迦南寺屋顶远眺仲曲河

掩映在谷底绿树丛中的村落

山间梯田

茶马古道上的运输队

⊙村口的玛尼堆

⊙流过村中的溪水

"藏东第一家"精美的柱头彩绘

"藏东第一家"装饰精美的客厅

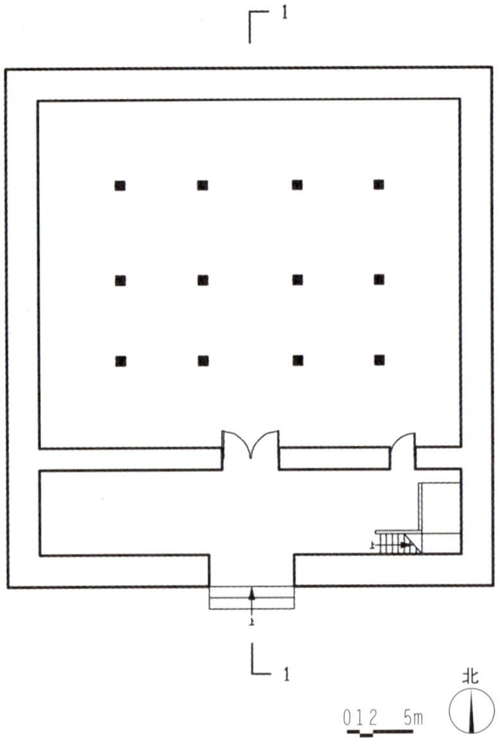

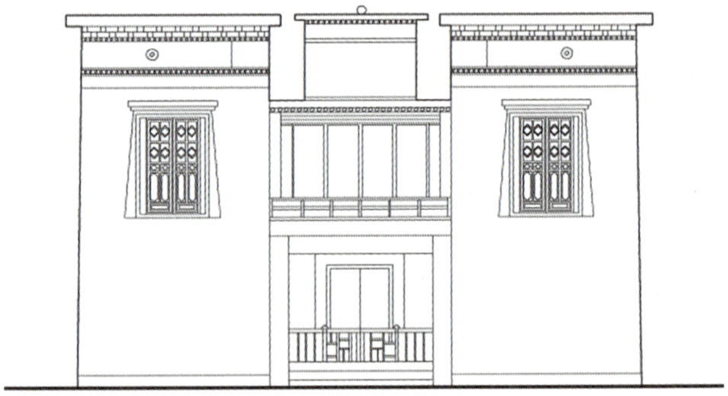

萨拉寺立面图

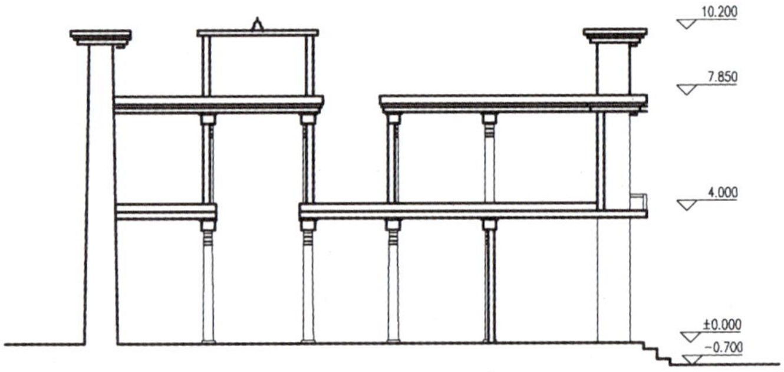

萨拉寺平面图

萨拉寺剖面图

村内的本教寺院萨拉寺立面

夏鲁村民居布局（以院落为中心）

村边的住宅（白色的墙体，黑色的窗套）

⊙村中的自来水供水点

⊙流经村庄的小溪，方便村民用水

⊙住宅之间的道路，中间为排水沟

⊙住宅大门上的日月和雍仲符号

⊙住宅大门两侧墙上的蝎子绘画，具有辟邪的寓意

⊙住宅外墙的彩虹图案

春耕时劳作的村民

成熟的青稞，赶车晚归的村民

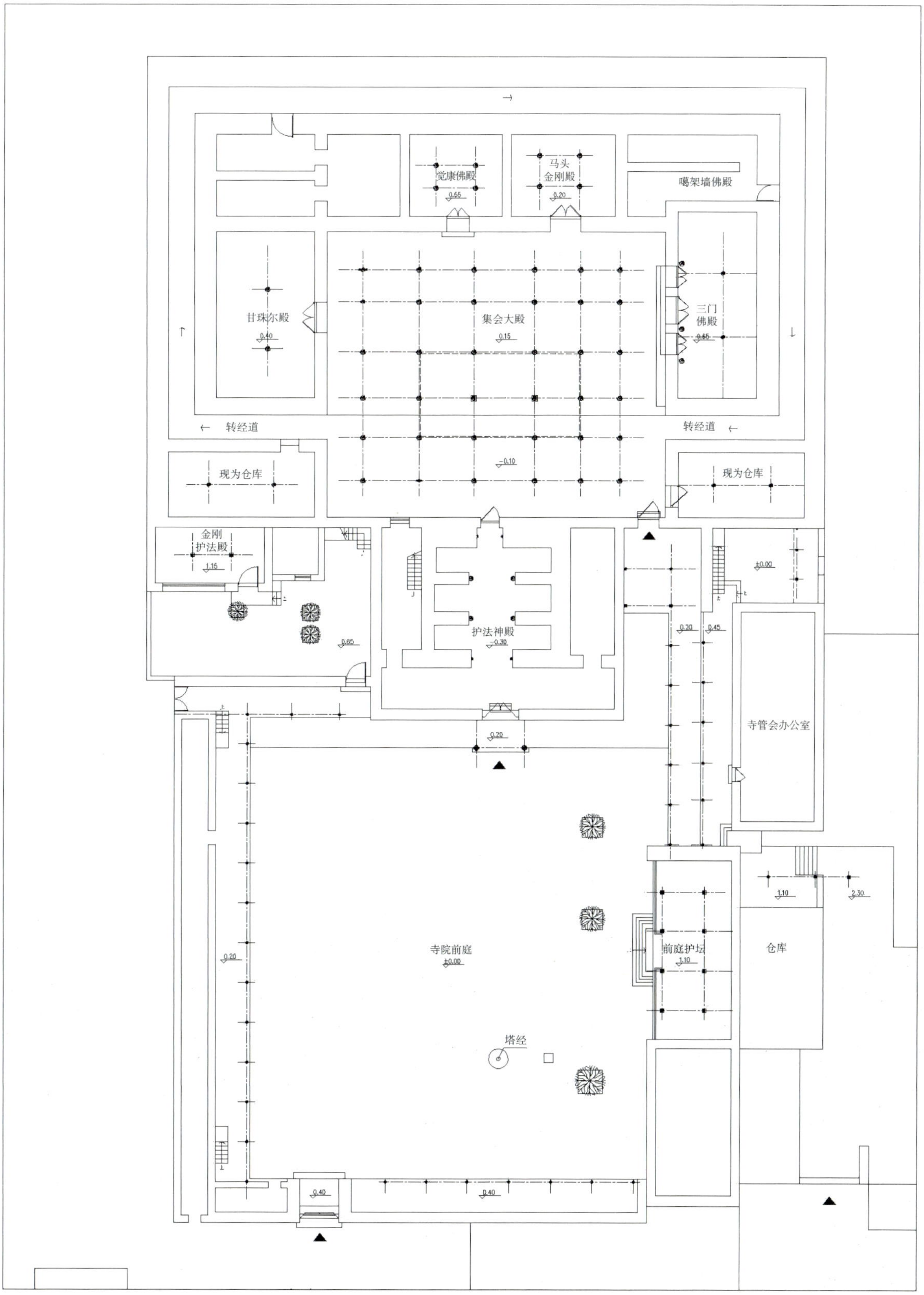

觉康佛殿
马头
金刚殿
噶架墙佛殿
甘珠尔殿
集会大殿
三门
佛殿
转经道
转经道
现为仓库
现为仓库
金刚
护法殿
护法神殿
寺管会办公室
前庭护坛
仓库
寺院前庭
塔经

夏鲁寺一层平面示意图

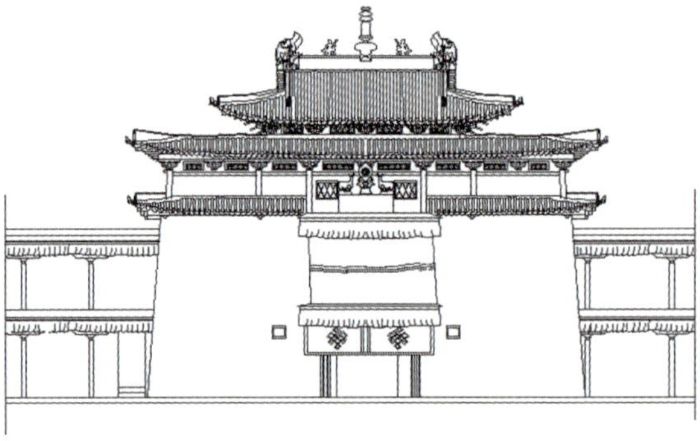

◎夏鲁寺门楼正立面示意图

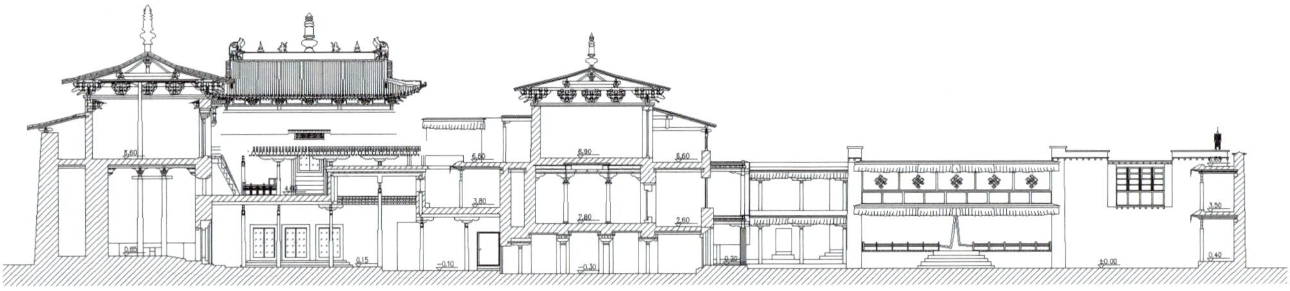

◎夏鲁寺 1–1 剖面示意图

◎雨后的夏鲁寺内院

⊙夏鲁寺的琉璃屋面（屋顶正脊是金色的宝瓶）

⊙夏鲁寺屋顶的琉璃正脊（元代通脊形式）

⊙夏鲁寺琉璃屋脊端部的鸱吻

⊙夏鲁寺琉璃屋面的勾头（饕餮纹样）

⊙夏鲁寺琉璃屋面的勾头（塔形纹样）

⊙夏鲁寺建筑主体（汉式重檐歇山屋顶）

⊙夏鲁寺大门上华丽的彩绘

⊙夏鲁寺大殿内供奉的佛像

⊙夏鲁寺大殿内的壁画（人物）

⊙夏鲁寺大殿内的壁画（坛城）

日苏活佛住处遗址立面

日苏活佛住处遗址

夏鲁万户府遗址

硕督镇

1. 村落历史

硕督镇是昌都市洛隆县所辖的镇，位于昌都市西部。硕督镇东与八宿县隔江相望，南靠波密县，西邻边坝县，北接丁青、类乌齐两县，平均海拔 3200 米，距离昌都镇 302 千米，距离拉萨市 1206 千米。硕督镇位于洛隆县县城西面，距县城 25 千米，驱车约 30 分钟便可到达。面积 579 平方千米。边昌公路从硕督镇通过。1959 年始建硕督乡，后改为硕督镇。现在的硕督镇辖久嘎村、拉依村、日许村、硕督村、达翁村、荣雄村、孜普卡村 7 个行政村。硕督镇属半农半牧乡，种植青稞、小麦、油菜，牧养牦牛、黄牛、山羊、绵羊。镇内有硕督寺、清代墓葬群等年代较远的建筑。

硕督在历史上也叫硕班（般）多，藏语意为“险岔口”。古时候，这里是茶马古道上的重要驿站，也是川藏要道上的重镇之一。原西藏地方政府在这里设有硕督宗。元朝时期，这里就开设了粮店；清朝时期，这里建立起了硕督府。古时候，这里商贾云集，商业贸易十分发达，可以买到拉萨、内地乃至国外（印度）的各类货物。本地最大的几家商人都有自己的马帮。常住人口达五六千人之多，茶馆、酒馆比比皆是。1951 年，解放军十八军 154 团一营进军拉萨时曾驻扎在此地。

据史料记载，“硕督”这个名字是汉人取的。1913 年，川军将领尹昌衡率部队西征路过此地驻扎，见这里地势平坦，物产丰富，加之自己的表字中有一个“硕”字（尹昌衡字硕权），故而将此地取名为“硕督”。

2. 村落形态

硕督镇自然环境优美宜人。由于达翁河和日许河两河交汇并流经硕督镇，这里山泉淙淙而下，河水滔滔不绝。镇上地势平坦开阔，气候温和湿润；森林茂密，土地肥沃。

连接村子与外界的道路是这里唯一的一条公路，该公路便是 303 省道。村内的主要公共建筑，如学校、镇政府、卫生院以及其他办公楼等，均沿道路走向呈带状分布。建筑群体坐北朝南，南边是公路，北面邻山。沿山脊修建有防御用的宗堡建筑，据说该建筑是清军修建的。村内主要的建筑群以民居为主，具有明显的藏式建筑的风格特点。因为硕督镇的居民大都以农耕为主，所以民居的结构形式可以分为泥木结构、石木结构、木结构以及现代的混合结构等，具备居住、礼佛以及圈养牲畜等基本功能。民居建筑一般分为两层，第一层多以仓储用房为主，第二层才是供人们休息用的居所。一二两层之间由藏式木楼梯连接。室内装饰是根据户主的经济能力决定的。这些民居建筑，外表看上去都很淳朴。

3. 特色建筑

（1）硕督寺

硕督寺位于整个村子的西北方向。寺院的选址地势平坦，建筑沿主干道的南侧布置。整个寺院建筑由大殿及其他附属用房构成。建筑四面围合，中间形成了一个广场。寺院建筑是该镇最为恢宏的建筑，从远处便可看到黄灿灿的寺院金顶在随着光线的变化而闪耀，显示了寺院建筑的突出地位。

寺院的大殿坐西朝东，整体两层，局部三层。大殿的第一层为门廊与诵经大殿。诵经大殿内供奉着主供佛，以及《甘珠尔》与《丹珠尔》经文典籍。从第一层南边沿藏式楼梯拾级而上，便来到了大殿的第二层。第二层主要以寺院中活佛的居室及僧舍建筑为主，在某些特殊的房间内放有僧人们跳“神舞”用的各种道具与法器。大殿的第三层为神殿，只有寺里的高僧才可以入内修行与诵经，普通僧人和民众是不可以进入的。第三层的东面为第二层的屋面部分。沿屋面四周筑有西藏寺院所特有的边玛草墙，高度约为 1.2 米。

因为硕督寺的用地范围相对较小，没有修建供信徒转经用的转经殿，所以在诵经大殿墙壁四周修建了一圈黄颜色的转经筒，以满足信徒们日常转经的需要。

（2）硕督宗遗址

硕督宗遗址是沿硕督镇南面山脊所修建的一圈防御性墙体建筑，由夯土与碎石砌筑而成，所处地势绝佳，易守难攻。

硕督宗城墙的修建手法采用了藏式夯土墙的建筑风格，墙体较高，为 1.8 米左右。沿城墙的外围还有料敌塔，起到驻扎、防御与预警的效果。料敌塔的高度比墙体要高，其内有宽度仅为 0.8 米的连廊。硕督宗遗址墙体厚度平均约 1.5 米，其中料敌塔的外层墙体厚度为 2 米多。在墙体与料敌塔四周开有三角形的洞口，用来还击来犯者。

（3）清代汉人墓群

宣统二年（1910），四川总督赵尔丰在川边实行“改土归流”。当赵尔丰的部队征战至现在的那曲市时，四川发生内乱，赵尔丰被清政府召回四川。他的部下受命退回到硕督宗政府所在地，先是与当地的藏族民众隔河（达翁河）而居，后互通婚姻、繁衍生息，逐渐融合杂居。赵尔丰部下的后代遵照他们的遗愿，将他们安葬在一处，从而形成了今天如此大规模的汉人墓群。该墓群为南北方向，东西长约 150 米，南北宽约 80 米。现有墓葬 169 座，其中有墓碑 39 块，多系扁平砾石刻制，一般高 0.3—0.5 米，宽 0.2—0.3 米，碑文均为右起竖写。从现场遗留的有点风化的墓碑来看，这些清代汉人墓的年代大致从清代道光年间延续至 1944 年，前后有一百多年的历史。

硕督镇全貌（西向东）

民居大门

从硕督宗遗址俯视硕督镇（南向北）

镇内高低起伏的道路

镇内高低起伏的道路

⊙鸟瞰硕督寺

⊙硕督寺大殿周边的转经道

硕督寺诵经大殿东立面

硕督寺诵经大殿屋顶的祥瑞法轮

⊙硕督寺的僧舍

⊙硕督寺僧舍内院

⊙硕督寺辩经院大门的斗拱及装饰

⊙硕督寺辩经院大门上的木雕(金轮白螺)

⊙硕督寺辩经台的彩绘

⊙修建在山坡上的佛塔(寺院范围的标识)

⊙从镇西面山坡看硕督宗遗址

⊙硕督宗碉楼遗迹

⊙清代戍边将士墓（坟头垒石作为标记）

香堆镇

1. 村落历史

香堆镇地处西藏自治区昌都市察雅县境内东南部，距县城 80 余千米。全镇区域面积 960 平方千米，周围与宗沙、阿孜、巴日、荣周等乡毗邻，北部则与贡觉县相邻。镇政府驻地在旺布村，四面环山，麦曲河由东向西从村前流过。

古代，香堆是茶马古道上的重要交通驿站。自唐朝茶马古道通商互市开始之初，现在香堆镇所处的区域附近便是往来马帮的休息之地。这里南邻麦曲河，北依旺宗山，山河之间为大片的平坦地，便于大面积地搭建帐篷。麦曲河为马帮的马骡提供了充足的饮用水。商人起先用帐篷建立起流动驿站，时间长了便建造房屋，形成固定的驿站，来接待来往的马帮，这便是香堆早期村落的雏形。明代是香堆发展的高峰期。自明朝政府建立之初，川藏茶马古道的南线便是西藏各个封建主向明朝政府进贡的专门路线。此后这条路线便被明朝政府定为贡道。这一时代新建的房屋大多集中在旺宗山脚下。新房屋结合原先建造的商铺、民居，组合成了较为规整的方格网形村落。山脚下的村落中心位置商铺林立，民居则分布在村落的边缘区域。村落中户与户之间有道路相通。

2. 村落形态

香堆镇坐落于群山环绕之中，北枕旺宗山，南有麦曲河自东向西流过。全镇地理位置最高处坐落着当地的藏医学院建筑群，自藏医学院至山脚下的区域，沿等高线依次分布着香堆寺、香堆寺分院和地主庄园。整个山坡上的建筑群以香堆寺大殿为中心，呈放射状在旺宗山南坡自上而下铺展开来，整体布局呈扇形。藏医学院、香堆寺、香堆寺分院和地主庄园分别位于该扇形区域内的四个环形地带中，其间通过小道相互连接。

旺宗山脚下地势平坦。向康大殿坐落在香堆寺正下方的山脚边，它是全镇的第二个中心点。地势平坦区域的民居和商铺都围绕向康大殿而修建。大殿四周有东西、南北走向的道路各两条。其中南北向的两条道路，一条通往现在的香堆镇人民政府，另一条通往山上的香堆寺。东西向的两条道路较长，一直延伸至全镇的东西两头，是全镇的交通主干道。东西向干道的两边建有成排的民居，民居门前有小道，将各家各户与主干道连接起来。这些小道基本平行于向康大殿外的南北向道路。整个香堆镇通过两条东西向主干道和多条门前小道，连接出一个方格网状的村落布局形态。

3. 特色建筑

（1）扎西庄园

扎西庄园由原来香堆镇最有权势和经济实力的大地主扎西平措建造。庄园始建于 1870 年，整个建筑的建造历时三年，于 1873 年修建完毕，距今已有 140 余年历史。

扎西庄园建筑主要平面呈长方形，建筑面宽 17.05 米，进深 21.5 米，总建筑面积 1100 平方米，属于当地的大体量民居建筑。第一层空间内共有 99 根直径为 20 厘米的柱子，柱子采用纵 11 根、横 9 根的布局均匀布置。纵向柱距 1.9 米，横向柱距 2 米。

第二层空间中央位置上方开设了长 7.8 米、宽 3.52 米的天井，各种功能用房围绕天井布置。这一层主要布置的房间有客厅、卧室、厨房、粮食储藏室和厕所。从楼梯上到第二层，正对的便是客厅的入口。从客厅的规模可以看出，庄园原来的主人在当地的地位相当显赫，时常要接待众多来自周边的地主、喇嘛，而客厅是他们讨论事务的主要场所。客厅设有一个用于日常烧酥油茶的炉灶，室内没有设置排烟孔，全靠窗户自然排烟。

第三层是家中主人的活动空间，分别布置了主人卧室、家人卧室、僧侣卧室、经堂和小花园。由第二层厨房门前的楼梯上到第三层，首先看到的是供僧侣居住的卧室。第三层南侧中央布置经堂，经堂两侧布置着供僧侣居住的房间。由此可见原来的主人对佛教是相当重视的，时常会请僧人来家中讲经说法。

（2）荣周之家

“荣周之家”原是香堆镇最大的地主家的庄园，大约修建于 1861 年，距今已有约 160 年的历史。它是目前香堆镇现存最老的民居。“文革”期间，这里的房屋被政府没收，提供给当地无房的农民居住。村中的五保户也被安排在里面居住。这样一来，它便成为类似于福利院的建筑。这便是“荣周之家”名称的由来。“文革”之中“荣周之家”遭到破坏，加上年久失修，整栋建筑中现仅剩下八间房屋可用。

“荣周之家”面南背北，建筑主要平面呈长方形。建筑面宽 18.9 米，进深 16.6 米，高 8.5 米，总建筑面积 940 平方米。第一层空间内共有 42 根直径为 20 厘米的柱子，以 3 米左右的柱距均匀布置。东西方向有柱子贴墙设置，南北侧墙体边则不设柱。房屋北侧凸出建筑主体之外的，是上层的厕所。

（3）向康大殿

向康大殿是香堆镇现存最古老、保存最完整的宗教建筑，距今已有 700 多年的历史。现存的向康大殿建造于公元 13 世纪后半叶。公元 1275 年，自元大都返回萨迦的法王八思巴途经香堆，碰巧赶上自生强巴佛出土。八思巴将自生佛像供奉在今向康大殿所在位置的寺院中，并将自己的外袍披在了佛像身上。从此香堆开始为外人所知晓，后来多位高僧都曾慕名来此朝拜。清乾隆皇帝曾御赐“阇黎净地”匾额给向康寺。

向康大殿长 21.2 米，宽 13.4 米。建筑仅有一层。最高处是供有强巴佛的主殿，有 5.2 米高。向康大殿的建筑设计方式与其他寺院的大殿截然不同。建筑中既没有采用大型“回”字形空间，也没有将柱网的布置形式设置为满堂柱式。建筑空间贴近于宜人尺度。

（4）香堆寺大殿遗址

从现存的香堆寺大殿遗址残留的夯土墙体，可以推断其原来采用了“回”字形平面布局，殿内殿外空间均可供僧侣和信徒念经或转寺。第一层大殿的柱网布置形式采用满堂柱式，纵横皆 10 排，总计 100 根柱子。其中位于中部的 42 根柱子直接上升到第二层屋顶平面，为底层室内空间争取了较多的采光和通风条件。

⊙从山下看香堆镇

⊙镇区中心道路（也是村民的转经路）

香堆镇民居

正在建造的新民居（外墙毛石既是承重物，又是装饰）

⊙传统走廊屋架结构

⊙牛粪是村民的天然燃料，可供取暖和烧饭

⊙收获的青稞(晾晒方式独特)

⊙扎西庄园现为镇政府办公用房

扎西庄园底层

扎西庄园二层室内的家具陈设及装修

扎西庄园的厨房和炊具

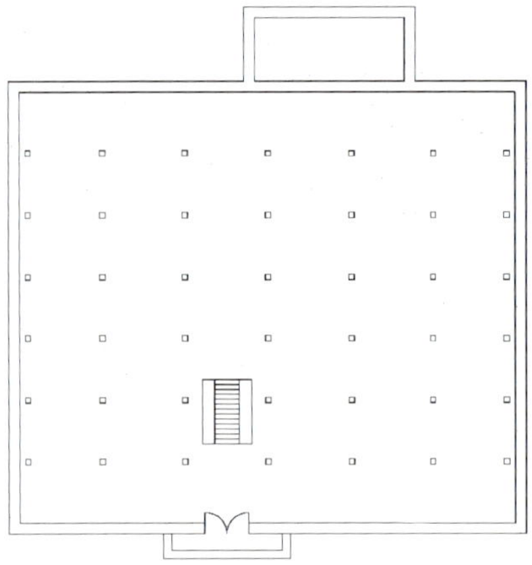

一层平面示意图

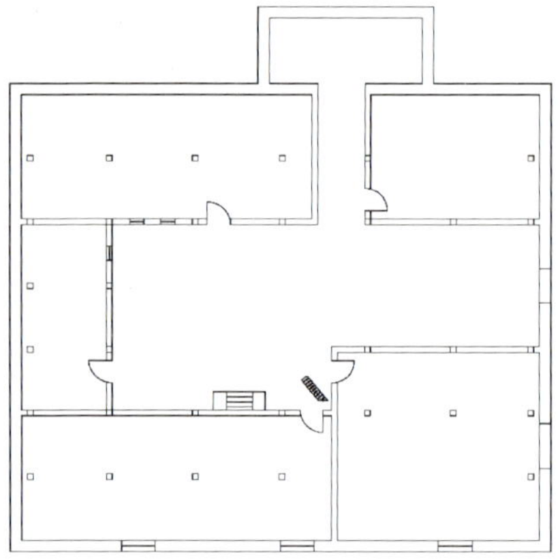

二层平面示意图

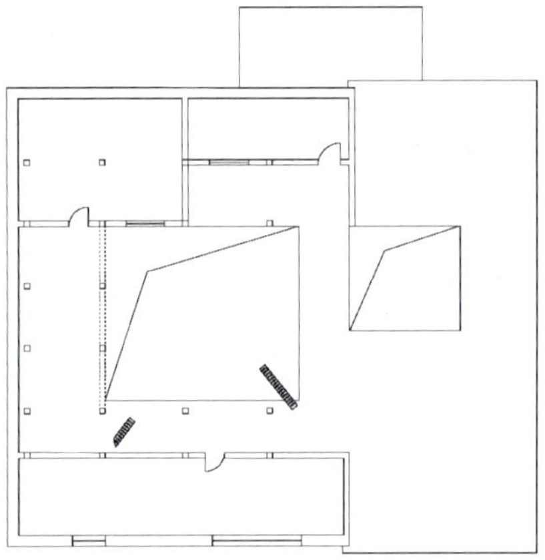

三层平面示意图

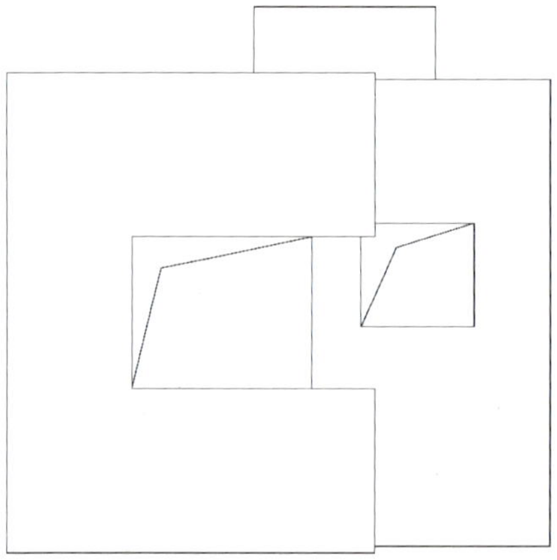

四层平面示意图

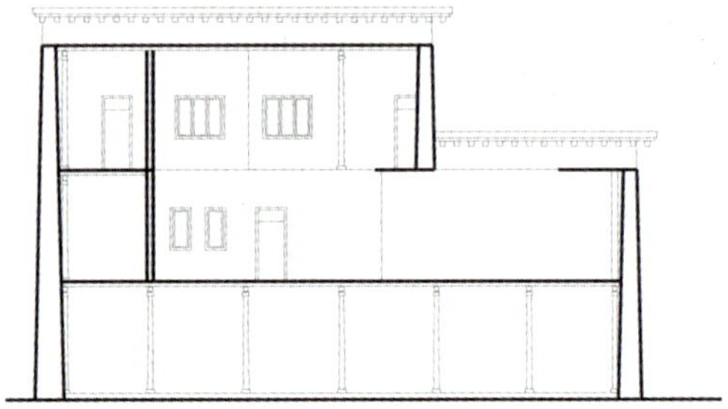

剖面示意图

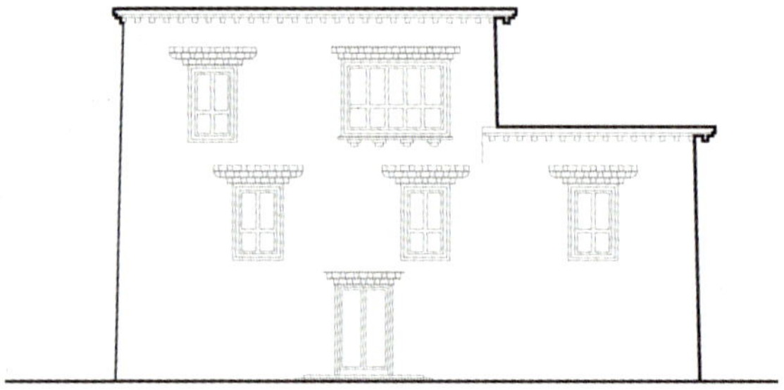

正立面示意图

荣周之家测绘图

荣周之家外立面

荣周之家二层露天旱厕

荣周之家连接上下层的独木梯

向康大殿建筑主立面

香堆寺遗址

向康大殿内供奉的强巴佛像

新修建的香堆寺大殿内壁的“六道轮回”彩绘

⊙在半山腰新修建的香堆寺大殿

碧土乡

1. 村落历史

碧土乡位于昌都市左贡县县城东南部，怒江、澜沧江流域之间，玉曲河下游，距离县城135千米，平均海拔3000米。东与云南省接壤，南与察隅县毗邻，西与扎玉镇相连，北与芒康县交界，行政区域面积1025.6平方千米，目前辖7个行政村。相传，很久以前，一团羊毛从遥远的地方飘来，挂在一棵树上。此时恰好有一位云游四海的高僧经过，见此情景，认定这是块宝地，于是在这里修建了一座寺院，取名“碧土寺”，这片土地也由此被称为“碧土”。 作为茶马古道主线上的重要中转地，在过去的地图上，碧土都是用县级的标志标出的，不知情的人会一直把它当作西藏的一个县，而如今的它只是一个乡。

碧土气候温暖湿润，水源灌溉便利，环境优美，森林资源丰富。碧土的大多数乡村被原始森林覆盖，覆盖率达到80%以上，降雨量相当充沛。该乡是左贡县农业经济较为发达的乡镇，由于气候条件优越，盛产各类水果、干果，各类天然资源特别丰富。

2. 村落形态

“青山环抱，碧水中流”是最能反映碧土乡村落特征的。秀美的玉曲河以及壮美的高山峡谷地貌，形成了碧土乡极具魅力的空间格局。碧土乡的整体格局体现了背山临水、地势平缓、坐北朝南的基本特征。其空间形态一方面取决于山势，另一方面取决于玉曲河的走势。碧土乡的村落顺沿玉曲河和山势布置，房屋依照山体等高线走势布局，选择比较平缓的地带建造。碧土乡内没有系统的水系，而且尚未供应自来水，所以居民取的水都是顺着人工开凿的水渠流下的山泉。各村中设置一个集中取水点，村民家中都会准备蓄水器具，以便取水之用。

碧土乡的村落分布比较散，基本上呈带状布局，7个村落沿碧土乡唯一的一条乡道由北向南展开。村落选址也是根据依山傍水、地势平缓、坐北朝南的原则而建的。乡道顺着玉曲河延伸，四周是连绵的群山，最南面是著名的梅里雪山。碧土乡境内，玉曲河蜿蜒流过全乡，茶马古道伴河而行。这里的人们长期以来过着世外桃源般的生活，自给自足。房屋依山而上，村子就顺着玉曲河，依山势排开，把本来就不多的农田留来耕种。长此以往，形成了现有的村落形态。碧土乡的住宅院落大多依山而建，错落有致。远远望去，依地形而建的住宅形成高低错落的景观。为了避免冷风直吹，各家住宅有意相互错落，利用山地和树木形成曲折的小径。因为高原的紫外线强烈，所以住宅一般不选择正南朝向，而是综合地势选择稍偏点的角度。

碧土乡的乡政府所在地为碧土村。碧土村由于位置特殊，商业发展得比较好，所以在乡政府门口形成了一个商业中心，有多家商店、饭店和旅社，村里的人集会或者谈天都会聚集在此。不过因为碧土村是带状布局，民居分布得比较零散，围合性不是很好，所以相对而言，碧土村的村落凝聚力远不如左贡县东坝乡的军拥村强。

3. 特色建筑

（1）碧土民居

碧土乡建筑融合了传统的藏式碉楼和云南纳西民居的建筑形式与建筑风格，建筑体量和建筑形式秉承了传统藏式建筑的高大壮美；墙厚而有明显的收分，多为土、石、木结构；布局秉承了藏式建筑的一贯特点，把神圣的经堂设置在最高处。住宅类型分合院式和外廊式，结合藏式和纳西天井式住宅的特点，内外空间融合，增加了室内空间的实用性和舒适度。外廊式住宅受到外来文化的影响，有了现代建筑的感觉。碧土民居吸取各家所长，既保存了本土藏文化的豪放、粗犷，又增添了云南文化的细腻和精致，建筑装饰堪与云南纳西民居媲美。

碧土民居的室内梁柱、门窗、墙体的彩绘和雕刻，继承了传统藏式碉楼建筑的艺术特色。柱子、门楣、窗檐、梁架、天花，乃至壁面，都绘制了精致的图案，有的还进行了细致的雕琢。在传统藏式建筑中，只有寺院才有如此奢华的室内装饰和雕刻。随着云南民居的室内雕刻技术的传入，碧土乡当地工匠采用汉藏结合的宗教神灵形象和藏文化中代表吉祥的图案进行彩绘雕刻，大受地方民众的欢迎，开创了碧土乡建筑室内外装饰的先河。

（2）碧土寺

碧土乡的唯一一座寺院是位于乡政府西侧的碧土寺。在西藏和平解放前夕，碧土寺的活佛离寺出走，去向不明，之后碧土寺日渐没落。现在的碧土寺已经没有了僧侣，缺少了往日的活力。从碧土寺周边遗址的规模来看，地处茶马古道主线上的碧土寺，也曾经历过繁荣和辉煌。寺院保存了藏式的大殿一座，外观体量较大。穿过高高的门廊是多柱的木结构经堂。门廊上面的二层是宽大的前廊，汉式的门窗保存完整，做工精致，镶有雕刻着双钱图案的格扇和雕刻着人物的门板。

4. 碧土自然风光景区

发源于昌都市类乌齐县的玉曲河中下游穿县而过，长 200 余千米。河水经过长途奔流后，在碧土乡境内连续三个 180 度的急转弯流入怒江。鬼斧神工的天然杰作形成了这一片区域奇特的自然景观。在此处，山高谷深，拐弯处水流湍急，河面宽 20—80 米不等，时而飞流直下，时而静若处子，集长江之蜿蜒、黄河之雄壮、雅鲁藏布江之奇美于一身。河流两岸悬崖峭壁、古木参天，山顶绿草如茵、繁花似锦，山下鸟鸣啁啾、猿声不断，是漂流历险、观光览胜的好去处。碧土寺、梅里雪山、洞窟、岩画等美景，以及其他一些当地的民俗、歌舞，令人目不暇接；当地著名的荞麦饼等美食也很丰富，让人大快朵颐。

5. 茶马古道

茶马古道的滇藏主线经过的是这样一条线路：云南香格里拉县—云南德钦县—西藏左贡县碧土乡（梅里雪山北坡）—西藏左贡县扎玉镇—西藏左贡县县城—西藏昌都邦达机场—西藏昌都市。茶马古道滇藏主线地处横断山脉，东西依山就势，北高南低，平均海拔 3800 米。沿线森林覆盖率达 60%。怒江、澜沧江、玉曲河贯穿左贡县南北，河流湖泊、冰川融水汇聚，水资源丰富。这里气候适宜，粮食和水果等物产十分丰富。茶马古道纵贯左贡县境内长达 200 多千米。古道沿途留下众多的遗迹遗俗，如马帮文化、商贾经济、盐茶贸易、婚丧嫁娶、多彩民居、丰富物产，都是其他藏族聚居区所罕见的。

6. 梅里雪山

梅里雪山以其秀丽雄伟的自然风光和神话般的传说吸引着众多游人和信徒。

“梅里”，藏语意为“药山”，因梅里雪山周围盛产虫草、松茸等药材而得名。梅里雪山号称西南第一神山。其中的卡瓦格博峰海拔 6740 米，集惊、险、奇、美于一身，至今尚未被人类征服，充满了神秘色彩。而地处梅里雪山北坡的左贡县碧土乡一侧，原始森林覆盖率达到 85% 以上，世界高原的物种应有尽有。全球珍稀濒危树种红豆杉就生长在此处，瑶草琪花点缀其间，金丝猴、小熊猫等国家级重点保护动物穿梭在林中。林海莽莽，郁郁葱葱；清风徐来，松涛阵阵。这里的冰川圣湖星罗棋布，让人如临仙境，美不胜收。

由于梅里雪山是藏族聚居区著名的神山，所以到这里朝拜的信徒络绎不绝。转山礼拜的山道有内外两道：外道行程需要一个月或者二十天，信徒们风餐露宿，围绕巨大的神山度过日日夜夜；内道行程一般为三四天，主要路线是“礼拜台—飞来寺—太子殿—雨崩瀑布”，左贡县境内的龙西村也是必经之地。转山礼拜一般先转内道，后转外道，每年进行一次。尤其是在藏历羊年，转山的信徒最多，甚至尼泊尔、不丹、印度等国的信徒也赶来朝拜，因为梅里雪山的“主神”卡瓦格博属羊。

⊙玉曲河两岸风光

鸟瞰碧土村

大山里的民居

⊙村头的佛塔

⊙碧土寺大殿立面

⊙正在维修中的碧土寺底层经堂

⊙碧土寺宽敞的二楼门廊

从碧土寺看乡政府建筑

碧土乡的私人客栈

⊙多彩的建筑装饰

⊙拉大锯的工匠，传统的解木方式

⊙碧土寺中精美的木门雕刻

新建的井干式住宅

新建的坡顶住宅

⊙村中的牛圈

⊙走在崎岖乡道上的马帮

⊙横跨山间溪流的简易木桥

⊙跨过急流去龙西村的桥

⊙峭壁上的“之”字形山路

⊙横跨玉曲河的藏式悬臂桥

村内的白塔

玛尼堆

石刻佛像

风马旗

转经的妇女（脸上有文面）

手工织布

⊙单碉正立面

⊙单碉侧立面

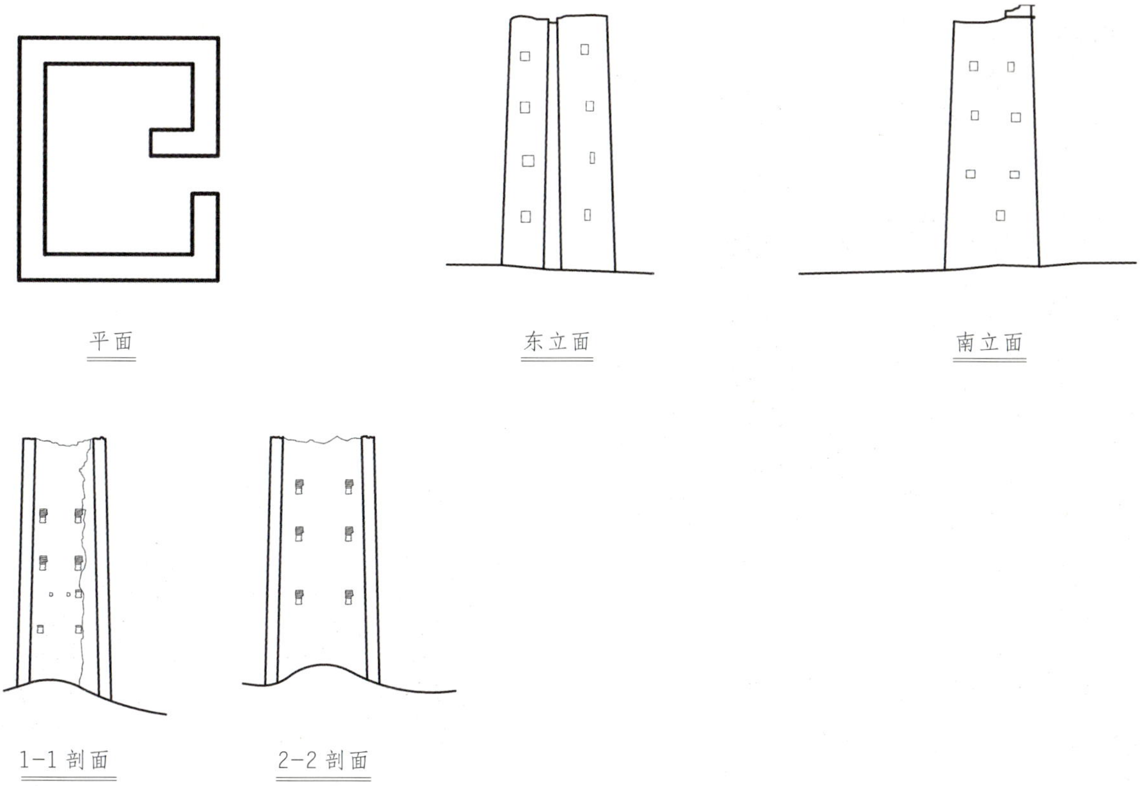

⊙碉楼测绘示意图

单碉立面的凹槽

单碉室内构造

单碉室内的观察孔与枪眼

单碉突出外墙的砸石孔

复碉外观

群碉

村落（群碉）遗址

有围墙的碉楼遗址

大塔遗址

大塔内部结构

谷地中的群碉

远望卓瓦寺

塔群

灵塔

⊙提吉寺大殿立面

⊙提吉寺大殿转经道

雄松乡

1. 村落历史

雄松乡地处昌都市贡觉县东部边界偏南，乡政府驻地在巴洛村。雄松乡位于敏都乡下方，海拔 3740 米，距贡觉县县城 132 千米，总面积 78 平方千米，是三岩六乡中面积最小的一个乡。这里地属藏东南三江流域的横断山脉峡谷区，气候温和，动植物种类繁多，有核桃、苹果、野生山椒、桃等经济林木。这里群山连绵起伏，山高谷深，怪石奇观随处可见。雄松在历史上是三岩宗所在地，1988 年实行撤区并乡，更名为雄松乡。

雄松乡东隔金沙江与四川白玉县相望，周边与本县敏都乡、沙东乡、阿旺乡、木协乡相连，乡政府辖 9 个行政村，14 个自然村。当地的经济类型属于半农半牧型，农作物主要有青稞、冬小麦、春小麦、荞麦、扁豆、豌豆、油菜、元根等。畜牧业以饲养牦牛、黄牛、绵羊、山羊、马、驴、骡等为主。林木种类以松、柏、杨等为主。采集虫草和松茸是当地居民的主要收入来源，采集的收入主要用来购置食品和家庭日用品，以弥补耕作收入的不足。全乡有耕地 4660 亩（约 3.11 平方千米），其中水浇地有 560 亩（约 0.37 平方千米）。

关于雄松乡这一处居民群体的来源，有人在江对岸的四川白玉县山岩乡做过考察，提出“阿里古格后裔”“吐蕃贵族后裔”“氐羌南下与土著结合”之说等，但至今尚无定论。由于地势险恶、土地贫瘠，恶劣的自然条件迫使旧时的三岩人以抢劫为生，并以血缘为根基组织起来一致对外。清末赵尔丰进军西藏时在此实行了“改土归流”制度，建立了武成县，并设立了县府。1950 年解放三岩后，又在此设三岩宗。贡觉县的三岩一带在旧时是全藏最偏僻的地方，非强悍者不能存活。这一点可以从三岩人的《强盗歌》中略窥一二：

我骑在马上无忧无愁，
宝座上的头人可曾享受？
我漂泊无定浪迹天涯，
蓝天下大地便是我家。

我两袖清风从不痛苦，
早跟财神爷交上朋友；
我从不计较命长命短，
世上没有什么可以留恋。

岩石山洞是我的帐篷，
从来不用学拉扯帐绳；
凶猛野牛是我的家畜，
也不必拴牛羊在家门口。

因独自喝惯了大碗酒，
对头人从不会用敬语；
因独自吃惯了大块肉，
从不会用指甲扯肉丝。

我虽不是喇嘛和头人，
谁的宝座都想去坐坐；
我虽不是高飞的大鹏，
哪有高山就想歇歇脚。

我侠义从不想找靠山，
双叉长枪为我壮了胆；
我侠义是没有帮手的，
快马快刀是我的伙伴。

我侠客从不愿拜头人，
高高蓝天是我的主宰；
我侠客从不去点香火，
太阳月亮是我的保护神。

……
人们说部落里头人恶，
我背着叫他丧命的枪，
还携带着致命的宝刀，
怕什么屠刀下的小羊。

旧时的三岩还盛行决斗。三岩人一旦反目，就生死相见，所以其他地区的人都不敢轻易招惹他们。但是，好强斗狠和仇杀远非三岩人一生的全部内容。他们有着康巴汉子的粗犷、刚毅和豪迈，这些都在与大自然的相互依存与拼搏中体现出来。

2. 村落形态

村落是藏东人民聚居的最基层单位，村落的形成是农业发展的结果。自然村落是三岩最常见的一种村落类型，它是在农业生产和生活中经过长期发展而形成的，多数建在半山坡或高山上。这些自然村落的平面布局大多比较灵活，基本上没有明显的对称或其他构图讲究，外围轮廓上也没有对几何形状的刻意追求，而是顺应地形，因地制宜，自然而然地形成各自不同的形态。就规模而言，这些村落一般都比较小，大的也不过几十户，小的只有几户人家。大部分村落的位置和对外联系都考虑到防御的要求。很多村落距离寺院不远，只是寺院的规模都很小。虽然这些民居建筑依坡而建，但极为讲究选址和打基础，因此很少出现滑坡现象，且能避开山洪的冲刷。三岩村落的建筑，分布的密度一般都很低，其分布密度会根据选址地点的自然条件不同而有所不同。坡度较陡处，建筑物的密度一般就会大一些，有的建筑物彼此相连，间距窄小，充分利用了有限的宅基地。丰富多样的群居式建筑，在外观上也形成了独特的风景。

在雄松乡，建筑是呈组团式布局的。雄松乡的巴洛村有三个大帕措，三大帕措下又衍生出8—9个小帕措，分布在另外几个小一点的村子里。在村里建房时，同一帕措往往建在一起，或平行或前后布置，底层可以贯通，顶层的晒台也可以联通，做到同村、同一帕措间互相照顾。旧时的三岩经常发生械斗或遭遇外族入侵，同一帕措就变成了战斗堡垒，村内的其他帕措也会给予支持。在过去的岁月中，这些碉楼充分发挥了它的战斗堡垒作用。长此以往，三岩的村落便被蒙上了一层神秘的面纱，加上交通不便，因此除了地方的干部下乡外，很少有人来到这里一睹它的真面目。

3. 特色建筑

（1）三岩碉楼群

碉房是在西藏特有的地理气候、建筑材料等

自然条件下，结合其社会特点、生产特点以及民族的生活习惯创造出来的，是一种独特的建筑形式。三岩碉楼被称为三岩民俗的“脸谱”，是三岩地区特殊的地理位置和地貌特征的产物，是三岩人智慧的结晶，是区别于其他藏族聚居区民居建筑的一个显著标志，同时也是三岩的帕措制度及形式的一个缩影。

三岩民居原始古朴、简单粗犷，散落于金沙江两岸的高山斜坡地带，主要集中在高山的阳面，依山势而建，沿山上的阶梯状农田向上延伸。碉楼建在梯田中央，便于从事农业耕作。三岩民居所构成的城堡式建筑特色，是由其帕措成员的特殊居住方式决定的。

（2）碉楼单体建筑

在三岩，一户人家就有一幢房屋，房屋为碉式建筑，坚固耐用。三岩人会根据家庭经济情况和人员状况，构筑不同结构的碉楼。选择的结构依平面而定，有九柱、十二柱、十五柱三种。如果见到有其他形式的碉楼，那就是不完整的结构。房屋的墙壁是夯土墙，墙基处墙厚 1.2 米左右。外墙往上收分，到顶墙厚约 0.4 米。房屋高达十几米，分为四层，一层为牲畜圈，二层为厨房、寝室，三层设经堂、粮仓，四层为库房，屋顶为晒坝。房子分期施工，先将第一层修造完毕；待稳固后，再修造第二层；如果家境条件许可，再修造第三层。一般要用三到五年时间修造完毕。每层墙壁的四周都开有瞭望孔和射击用的枪眼。第一层仅留一道门，用于关牲畜、堆积肥料，这里不住人。有些碉楼门前有大院，院墙高 1 米以上。院墙上堆放柴火，每年烧完后必须在冬季前砍来补充。狗和马拴在院子里。第二层是大间，不设隔间，为厨房和起居室，层高要比其他楼层高出很多，达到 6 米左右，面积为 60—100 平方米。厨房分为神龛、灶台和火塘。在火塘中，锅灶无一例外，均由三块特别的石头支撑。这些石头采自山上，是一种特殊的石头，石质柔软，容易加工，当地人称其为“斜坡石”。这种石头的奇特之处还在于它可以耐高温，使用时间长达二三十年。火塘的存在很能说明问题，一个火塘就意味着一户独立参加生产劳动的家庭单位。三层是仓库，主要储放粮食和夏天收割的青草。两边向阳的地方修的是非常严密的木笼仓，存放贵重物品。四层一般用于秋收时堆放青稞、小麦并打场。

三岩地区的先民们在长期的生产实践和生态认知的过程中，创造了碉楼这种土木结构的高层建筑，满足了他们在大自然中栖息生存、创造文化、繁衍后代的需求。

4. 三岩“帕措”——父系原始文化的活化石

三岩“帕措”至今仍比较完整地保留着原始父系氏族部落群的一些基本特征。帕措既有氏族的特征，又有部落的职能，基本上是一个父系社会，但帕措拥有更为严密的组织结构和鲜明的民族民主议会特征。因此，三岩的帕措组织被称为“父系原始文化的活化石”。

帕措组织集中分布在西藏三岩地区的六个乡，芒康县的戈波乡、朱巴龙乡、宗西乡等十个乡；四川白玉县的山岩乡、沙玛乡，以及巴塘县境内的部分地区。大小不同的各个村庄，少的有一两个帕措，多的有五六个帕措。小的帕措仅有几户人家，一二十人；大的帕措有五六十户，数百人。根据西藏和平解放初期对三岩“帕措”的调查统计，当时的三岩地区有 28 个村。其中上三岩有 20 个帕措，23 个头人；中三岩有 24 个帕措，31 个头人；下三岩有 35 个帕措，40 个头人。

雄松乡的巴洛村有三个大帕措，属于三兄弟，分别为卡帕措、可可帕措和马洛帕措。三大帕措下又衍生出8—9个小帕措，分布在另外几个村子里。

5. 一妻多夫制的民俗传统和婚姻形态

旧时的三岩地区存在着独特的婚姻形态——一妻多夫制，即一个父母所生的同胞兄弟共娶一妻。这种婚姻制度在当地已经有多年的历史，它的形成和地方的经济、土地、人口有着密切的联系。从当事人的角度出发，兄弟不分家，家庭财产不分用，这样就能保持雄厚的经济实力，而且在遭遇外敌时还可共同抵御。如今的三岩地区由封闭走向开放，接受新思想的年轻人开始反抗父母的夙愿，不愿再接受一妻多夫的传统观念，而更乐于追求一夫一妻的自由和幸福。

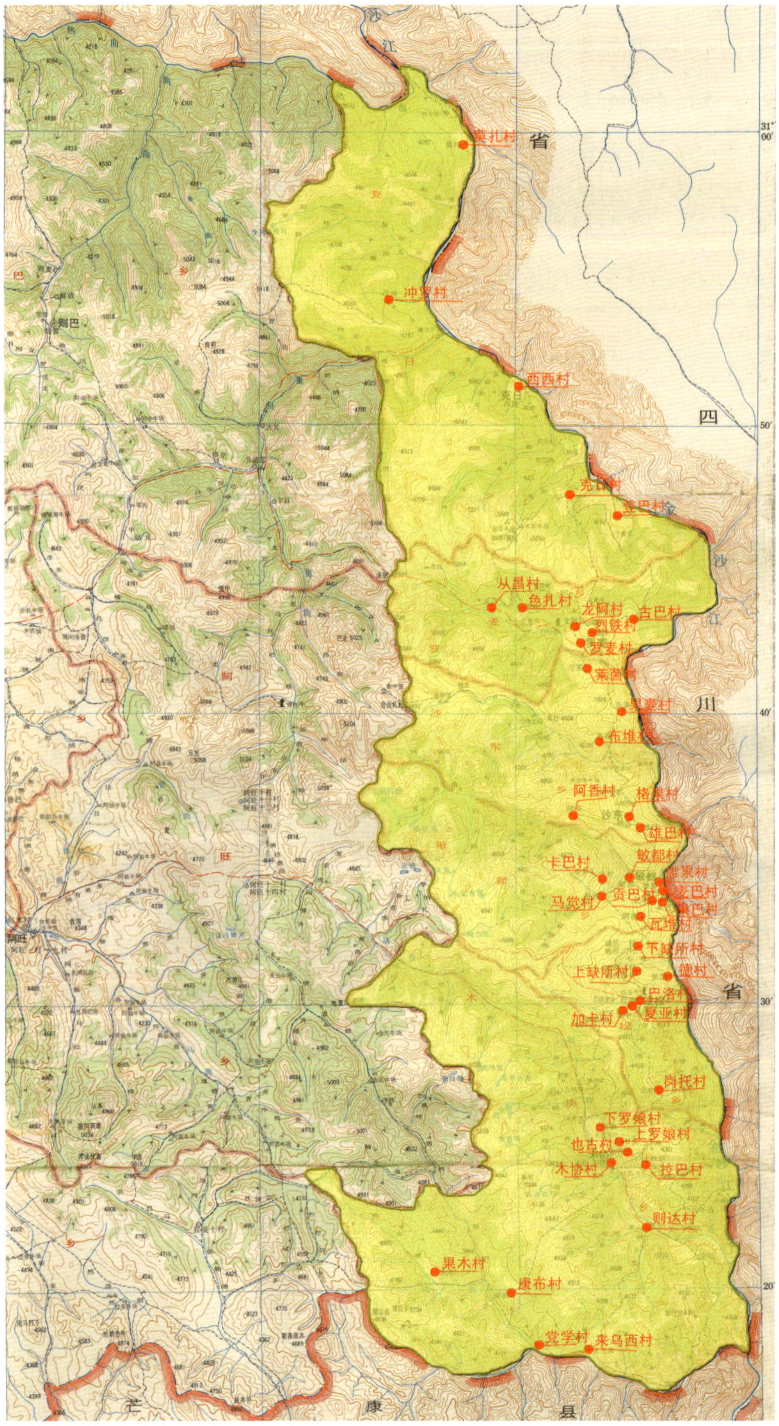

⊙三岩六乡村落分布总平面示意图

远眺雄松乡

鸟瞰村落

村西头的寺院

室内的卧具

布瓦房(粮仓)

碉楼下部的交通廊道

碉楼上悬吊的厕所

村里的佛塔

沿河的新居

丰收的季节

丰收的喜悦

草场放牧

⊙达孜庄园所处的地理环境

⊙达孜庄园近景

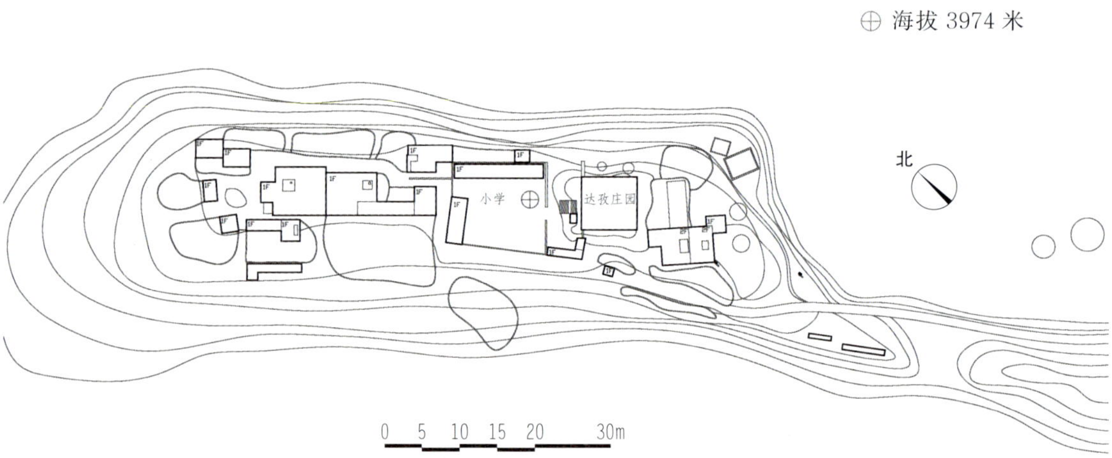

⊙达孜庄园总平面图

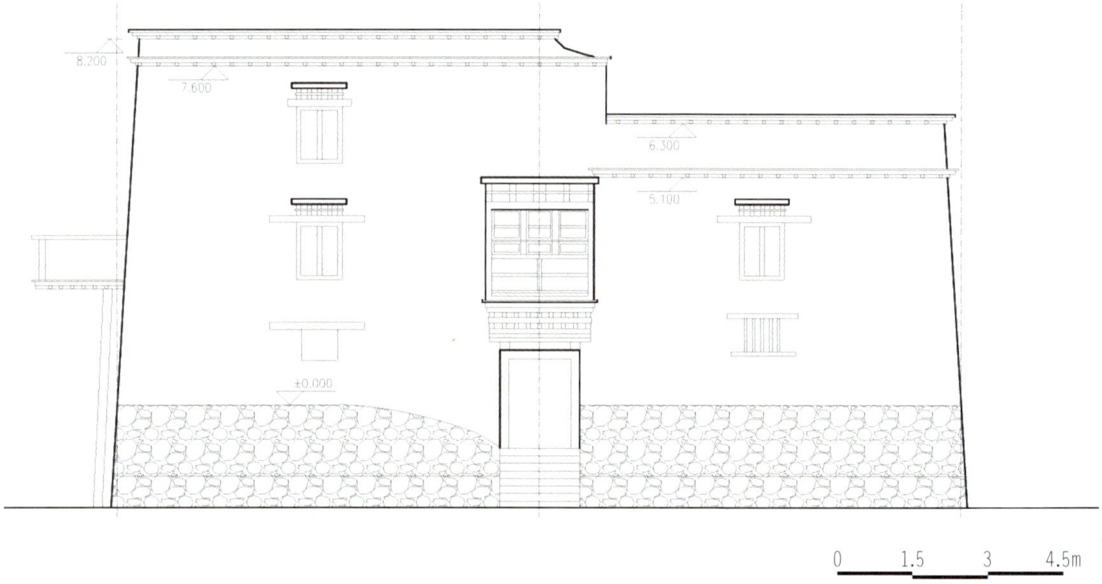

⊙达孜庄园立面图

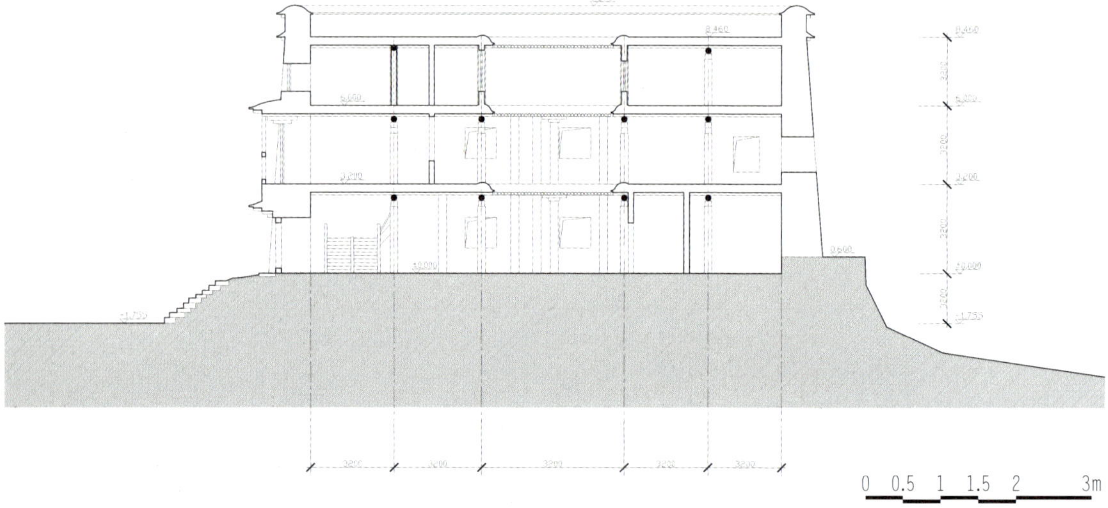

⊙达孜庄园剖面图

达孜庄园的西入口

达孜庄园的内院

达孜庄园的天井

⊙井干结构的布瓦房(当地的粮仓)

⊙达孜庄园通向二层的大木楼梯

⊙达孜庄园建筑的梁架

从觉木隆寺屋顶鸟瞰贾热村

觉木隆寺周边环境

通往觉木隆寺的大街

觉木隆寺后巷

觉木隆寺大殿

觉木隆寺的经堂

觉木隆寺二层回廊

觉木隆寺附房的窗户

觉木隆寺屋顶的宝瓶

⊙觉木隆寺入口的白塔

⊙觉木隆寺“跳神”用的面具

⊙觉木隆寺的唐卡（人们正在准备一年一度的雪顿节演出）

⊙觉木隆寺大殿精美的壁画

⊙觉木隆寺大殿精美的壁画

色彩鲜艳的民居门廊和外墙

精致的民居室内布置

带挑檐的彩色藏式大门

民居大门上的日月装饰图案

木楞房中当窗的女孩

老树下的村民

正在加工首饰的工匠

铜佛像

手工艺制品

噶玛寺大殿立面

⊙顿布曲果寺大殿立面

⊙顿布曲果寺大殿的彩绘（藏汉艺术的结合）

拉贡教堂的钟楼

日吾其村

1. 村落历史

日吾其村在日喀则市昂仁县日吾其乡，位于县城西南。日吾其乡的乡政府驻地为日吾其村，距县城 90 千米。日吾其乡的面积为 1300 平方千米，辖 14 个行政村。日吾其乡的经济类型为以农业为主的半农半牧型经济，种植青稞、豌豆、油菜，牧养牦牛、山羊、绵羊等。著名建筑师及藏戏创始人汤东杰布（1385—1464）就是在此地出家的。日吾其村不仅是一处历史悠久的古村落，而且还是古往今来沟通雅鲁藏布江南北的交通要冲。

昂仁县的“昂仁”藏语意为“长沟”。从日吾其乡、桑桑镇发掘出的多处细石器遗址来看，早在原始社会，就有人类在这里繁衍生息。但由于受游牧生活的限制，这里的遗址及相关文字记录很少，现存更多的是明朝以后形成的村落和寺院建筑。公元 14 世纪，帕竹政权在西藏推行宗溪制，昂仁宗即于此时建立。西藏和平解放以前，昂仁宗隶属于班禅堪布会议厅管辖。1951 年 5 月 23 日，西藏和平解放。1959 年 12 月 26 日，成立了昂仁县人民政府。

昂仁县多白乡的仁青顶村，是汤东杰布的诞生地。汤东杰布在西藏是一个家喻户晓的人物。他虽是香巴噶举派的僧人，但是他把毕生心血都献给了造福西藏民众的修桥造船、藏戏藏药事业。在藏族民众的心目中，他是一位深受爱戴、德高望重的设计与建筑大师，被木匠、铁匠们奉为祖师。为了募捐修造铁索桥，他亲手缔造了享誉藏族聚居区的“迥巴戏团”，这个戏团一直沿袭至今。在昂仁县日吾其乡，至今还保留着汤东杰布主持修筑的佛塔与铁索桥。它们历经六百余年仍屹立于世，述说着我国明代西藏建筑史上的传奇。日吾其寺金塔建筑规模宏大，风格鲜明，内部的壁画精美古朴。加之年代久远的寺院，其建筑规模在整个后藏乃至西藏地区都是屈指可数的。它对于研究西藏佛教史中的建筑与艺术，以及西藏宗教文化与南亚、中亚等周边地区的联系，无疑具有重要的价值。日吾其寺金塔 1996 年被西藏自治区人民政府公布为第三批自治区级文物保护单位。

2. 村落形态

昂仁县地势由东向西逐渐抬升，山脉占据了全县总面积的五分之三。全县地形可分为三个高度不同的阶梯，最低的是东南雅鲁藏布江河谷地带。日吾其村位于雅鲁藏布江河谷，温暖少风，呈半干旱气候，年平均气温为 4.5℃。最热的月份是 7 月，平均气温为 12℃。年降雨量 400 毫米左右。河谷平原地带多草场和农田，是牧业和农业的生产基地。日吾其乡物产丰富，山清水秀，处处可以感受到农区风土人情及寺塔崇拜的宗教文化。昂仁县多温泉。在去日吾其村的途中，有多白溶洞和日吾其温泉。游客既可以体验温泉治病的效果，又可以欣赏溶洞千姿百态的地质风貌，还能够领略雅鲁藏布江两岸的地貌变迁。

日吾其村在雅鲁藏布江的北岸，雅鲁藏布江在这里江面宽阔，水势稍缓，适合南北的水路交通，也适合架设桥梁。河流由北向南经过村子的西侧，在村子的南面拐了一个U形大湾，然后向东流去。村庄的南头河滩是庄稼地和草场，靠近水源，便于灌溉。村庄依河流而建，背山面水。建筑沿道路布置，是清一色的传统藏式碉房，二层。外墙用土坯或夯土砌筑。建筑外墙较为封闭，很少开窗；内部为木构架。有天井可以采光。各家多有院落，便于饲养牲口和堆晒草料。村子里除了民宅，还有乡政府的办公楼，以及学校、粮站、粮油加工厂、修理厂等，形成聚落组团。日吾其寺金塔位于村落的西侧，在一个小山坡下。塔是老建筑，寺院是新建筑。大殿内供奉了汤东杰布的塑像、用过的器物和建铁索桥的铁索构件。汤东杰布当年修行的日吾其寺，遗址在山上，建筑的墙体还在，整体布局保存还算完整。

3. 特色建筑

（1）日吾其寺金塔

日吾其寺南侧山下的日吾其寺金塔，南临雅鲁藏布江，距离江岸约50米；北面靠山；海拔4260米。日吾其寺金塔既是日吾其寺的一部分，又是一座寺塔合一的独立建筑单元。它由香巴噶举派高僧、著名藏戏创始人和桥梁专家汤东杰布创建于15世纪中叶。其平面呈“坛城”（曼陀罗）形。塔高六层，逐层收分，顶部为塔刹“十三天”及伞盖、日月火珠等。塔内中空，每层用土、石砌筑有台阶数级，可沿内壁盘旋而上，直通顶部的“十三天”。各亮门内及自下而上的第五、六、七层的甬道内均绘满壁画。

塔顶部的塔刹“十三天”及伞盖、日月火珠等，原系用黄铜整体铸成，其上用铜皮锻成小佛像共9000尊。远眺此塔，金碧辉煌，光芒四射，故称“金塔”。金塔通高35米，整座塔体用土坯砖砌筑，外墙以泥抹涂，再刷一层白灰。塔身各层的檐下用红、黑色涂以宽条色带，环绕塔身。金塔的主体建筑及塔内壁画保存较好。日吾其寺金塔始建年代大约与江孜县著名的白居塔相当或略早。

（2）日吾其寺遗址

日吾其寺是一座宁玛派寺院，坐落在昂仁县日吾其乡日吾其村西北的山坡上，南侧山下即为日吾其寺金塔，两者相距约300米。塔和寺院高低错落，互为呼应。日吾其寺的创建时间约为公元1389年，距今有600多年的历史。汤东杰布曾担任寺院的住持，并对寺院进行了扩建。寺院北面靠山，南临雅鲁藏布江。寺院建筑从南向北、由低至高呈梯次分布；总体为长方形，南北长约480米，东西宽约120—140米；占地总面积达67000平方米。

在这座汤东杰布亲自扩建并加持的寺院中，大殿的主供佛正是汤东杰布。虽然山上的主体建筑已被毁坏，但是在一座小佛殿内，依然保存并供奉着汤东杰布使用过的许多法器，如汤东杰布穿过的鞋子，汤东杰布制作的桥梁铁链，以及他在教谕佛法时所用的铃铛、拐杖等。

（3）日吾其铁索桥

日吾其铁索桥是雅鲁藏布江上游最早建造的一座桥，桥址在昂仁县日吾其乡日吾其村内。15世纪初期由汤东杰布建造。雅鲁藏布江横贯昂仁县东南部，流经县境内的日吾其乡、多白乡、卡嘎镇，境内河段长 252 千米。日吾其铁索桥是沟通雅鲁藏布江上游两岸的交通枢纽，也是日吾其一带各聚落、部族之间经济交往的必经之处。铁索桥呈东西向横跨雅鲁藏布江，桥长 120 米，宽约 1 米，由三座桥墩和四条长铁链组合而成。铁索桥建筑稳固实用，结构简洁。该桥现已废弃，无法通行。仅存东、中、西三座桥墩和四根主铁链。四根主铁链穿过三座桥墩。铁链的长度有 20 厘米、33 厘米、40 厘米三种规格，均用厚 1.5 厘米、宽 3 厘米的铁条锻打而成。在四条主铁链的下方用牛皮绳吊铺木板作为桥面，铁链下垂最低处距水面 1.8 米。20 世纪 80 年代，当地政府在距该桥下游约 150 米处新修建了一座铁索桥。

据史书记载，汤东杰布一生共修建了 58 座铁索桥。时光变迁，很多遗址已不可考察，而他的故乡仁青顶村附近的日吾其乡，仍完整地保存着汤东杰布主持设计修筑的铁索桥。这个铁索桥设计得非常完美，以至于西藏和平解放后在其下游建造的新铁索桥，就完全以它为蓝本。日吾其铁索桥已成为近代西藏铁索桥的典范。

4. 迥巴藏戏

日吾其迥巴藏戏是蓝面具戏中最早成立剧团的一个剧种。据说，开始这个剧团每年只去日喀则给班禅演出，到十三世达赖（1876—1933）时，因达赖的一个亲信侍从喜欢迥巴藏戏而将他们介绍给了拉萨观众。剧团上演的第一个藏戏《顿月顿珠》就受到了好评，得到这一年西藏地方政府组织的藏戏会演的奖励。从此《顿月顿珠》就成为迥巴剧团参加每年会演的保留剧目，这部藏戏的名字也被人们叫成了“迥·顿月顿珠”。

⊙从山坡向东看日吾其寺金塔和村落（远处是新建的跨江大桥）

日吾其寺金塔外檐的智慧眼

从日吾其寺金塔向东看村落

⊙从山坡向东看日吾其寺金塔

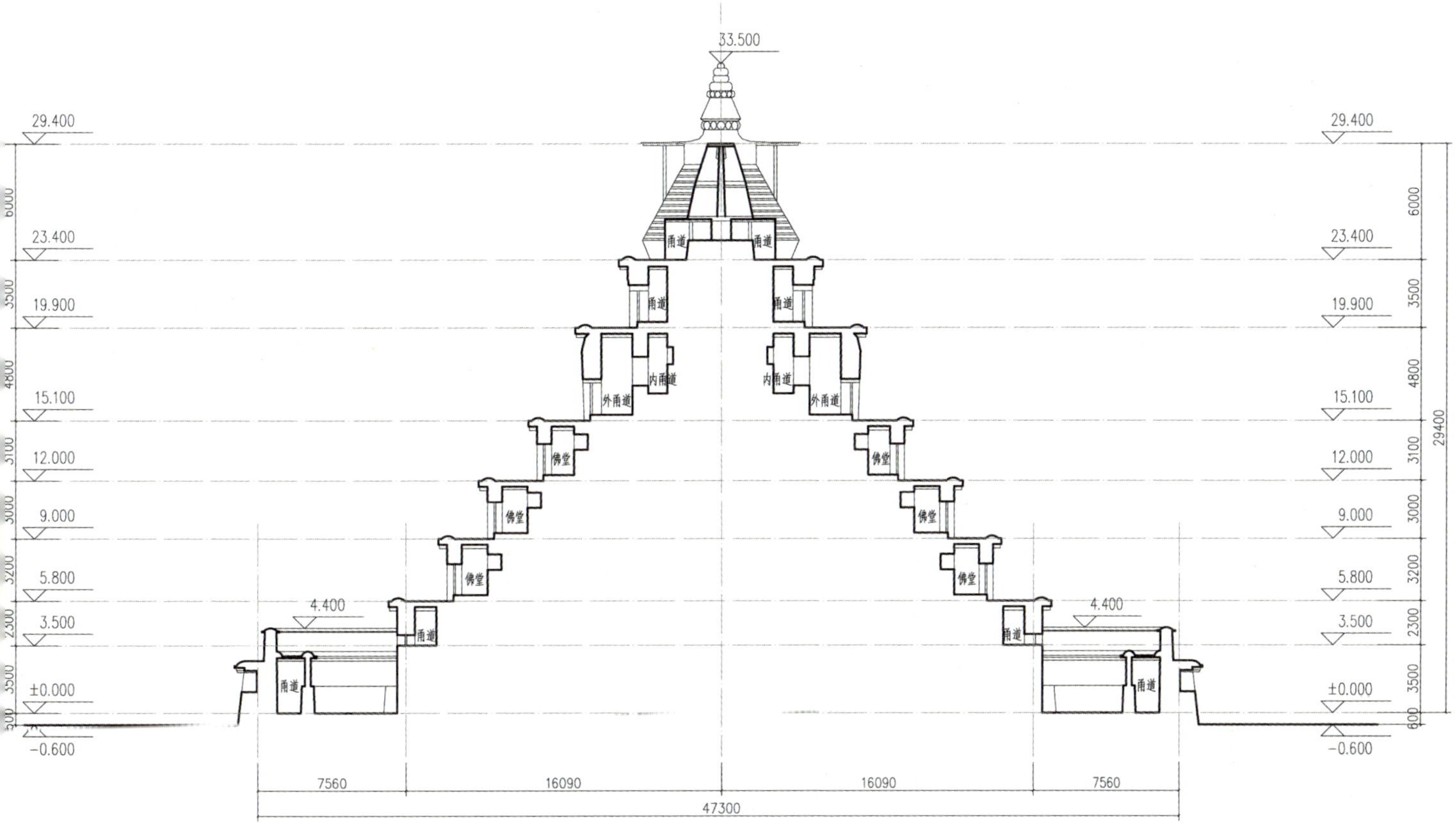

日吾其寺金塔剖面示意图

老铁索桥

老铁索桥的铁索和经幡

⊙老铁索桥桥面

⊙老铁索桥桥面

20 世纪 80 年代建造的新铁索桥

新铁索桥桥面

新铁索桥悬索

（3）波多康摩崖造像

波多康摩崖造像位于吞达村二组东北约 400 米处的波多康山西侧山腰处，方向朝西、南，海拔 3806—3848 米。造像凿刻于近 90 度的黄棕色石岩壁上。

波多康摩崖造像中的文殊菩萨，双腿盘坐于莲花之间，与山体垂直。造像体态丰腴，造型逼真。传说文殊菩萨是十二仙女之首，他见仙女们不愿离开，依依不舍，便留下自己的画像与她们为伴。

4. 尼木藏香生产工艺

吞达村是传统手工水磨藏香制作工艺的发源地。尼木县的藏香制作历史悠久，以其在制作过程中不伤害生物的特点，以及独特的原料配方而深受广大群众青睐，是西藏著名的藏香原产地。尼木藏香不仅可用于佛事活动，而且还具有杀灭细菌、驱除污浊之气、预防感冒等流行性疾病、提高睡眠质量等独特的医疗功效，对人体十分有益。尼木藏香作为藏医药学的一个分支，其独特的医疗功效早已被藏族民众所熟知，其制作技艺已成为中国第二批国家级非物质文化遗产项目。

⊙吞巴景区入口

村落内景

穿过村落的吞巴神曲

村中的柏树林

村落中的民居

民居大门

尼木三绝之一的“木雕”

⊙吞巴水磨长廊景观栈道

⊙波多康摩崖造像

⊙吞巴庄园外观

⊙吞巴庄园门口的壁画

吞巴庄园入口

吞巴庄园内景

吞弥·桑布扎广场

目光睿智的吞弥·桑布扎(雕像)

⊙晾藏香的木架

⊙村民在包扎藏香

⊙晾干的藏香

⊙包扎好的藏香

主要参考文献

[1] 陆元鼎．中国民居建筑：下卷 [M]. 广州：华南理工大学出版社，2002.

[2] 中国藏学研究中心社会经济研究所．西藏家庭四十年变迁：西藏百户家庭调查报告 [M]. 北京：中国藏学出版社，1996.

[3] 陈立明，曹晓燕．西藏民俗文化 [M]. 北京：中国藏学出版社，2003.

[4] 西藏自治区文物管理委员会，四川大学历史系．昌都卡若 [M]. 北京：文物出版社，1985.

[5] 杨嘉铭，赵心愚，杨环．西藏建筑的历史文化 [M]. 西宁：青海人民出版社，2003.

[6] 叶启燊．四川藏族住宅 [M]. 成都：四川民族出版社，1989.

[7] 陈履生．西藏民居 [M]. 北京：人民美术出版社，1995.

[8] 丹珠昂奔．藏族文化发展史：上册 [M]. 兰州：甘肃教育出版社，2001.

[9] 徐宗威．西藏传统建筑导则 [M]. 北京：中国建筑工业出版社，2004.

[10] 张宗显．西藏民居 [J]. 民俗研究，1995（4）.

[11] 次多．西藏民居建筑刍议 [J]. 中国藏学，2004（1）.

[12] 阙龙开，毛中华．西藏传统民居建筑概要 [J]. 四川建筑，2006（9）.

附录

西藏自治区的传统村落、历史文化名村（镇）名单

序号	名称	地点	文保级别
1	科迦村	阿里地区普兰县普兰镇	🔴🟤🔵
2	托林镇	阿里地区札达县	🟤🔵
3	岗托村	昌都市江达县岗托镇	🟡
4	里土村	昌都市卡若区嘎玛乡	🟡
5	硕督镇	昌都市洛隆县	🟡
6	硕督村	昌都市洛隆县硕督镇	🔴
7	盐井纳西民族乡	昌都市芒康县	🟡🔵
8	上盐井村	昌都市芒康县盐井纳西民族乡	🔴🔵
9	军拥村	昌都市左贡县东坝乡	🔴🟡
10	木龙村	昌都市左贡县旺达镇	🔴
11	达东村	拉萨市堆龙德庆区柳梧乡	🔴🟡
12	连巴村	拉萨市林周县江热夏乡	🔴
13	赤康村	拉萨市墨竹工卡县甲玛乡	🔴
14	吞达村	拉萨市尼木县吞巴乡	🔴🟤
15	才纳村	拉萨市曲水县才纳乡	🟡
16	扎西岗村	林芝市巴宜区鲁朗镇	🔴
17	日卡村	林芝市波密县八盖乡	🔴
18	米堆村	林芝市波密县玉普乡	🔴
19	错高村	林芝市工布江达县错高乡	🔴🟤
20	太昭村	林芝市工布江达县江达乡	🟡
21	巴登村	林芝市墨脱县背崩乡	🔴
22	南社区	那曲市尼玛县文布乡	🔴🟡
23	达前乡	那曲市色尼区	🟡
24	陈塘镇	日喀则市定结县	🟤
25	岗嘎村	日喀则市定日县岗嘎镇	🔴
26	曲下村	日喀则市定日县协格尔镇	🔴

序号	名称	地点	文保级别
27	汝村	日喀则市吉隆县贡当乡	●（红）
28	帮兴村	日喀则市吉隆县吉隆镇	●（红）●（褐）
29	朗巴村	日喀则市康马县少岗乡	●（红）
30	岗嘎村	日喀则市南木林县土布加乡	●（红）
31	嘎布久嘎村	日喀则市仁布县切洼乡	●（红）
32	萨迦镇	日喀则市萨迦县	●（褐）●（青）
33	坚白村	日喀则市谢通门县通门乡	●（红）
34	一、二、三、四社区	日喀则市亚东县帕里镇	●（红）
35	鲁麦村	山南市措美县乃西乡	●（红）
36	库局村	山南市错那县库局乡	●（红）
37	桑玉村	山南市错那县库局乡	●（红）
38	贤村	山南市错那县勒门巴民族乡	●（红）
39	杰德秀镇	山南市贡嘎县	●（褐）
40	桑布日村	山南市贡嘎县岗堆镇	●（红）
41	美秀村	山南市洛扎县边巴乡	●（红）●（青）
42	拉隆村	山南市洛扎县扎日乡	●（红）●（青）
43	昌珠镇	山南市乃东区	●（褐）●（青）
44	扎西曲登社区	山南市乃东区昌珠镇	●（红）●（青）
45	强吉村	山南市琼结县拉玉乡	●（红）
46	唐布齐村	山南市琼结县下水乡	●（红）
47	雪巴村	山南市桑日县桑日镇	●（红）

注：

- ●（红）中国传统村落
- ●（褐）中国历史文化名村（镇）
- ●（黄）西藏自治区历史文化名村（镇）
- ●（青）全国重点文物保护单位

图书在版编目（CIP）数据

中华古村落·西藏卷／汪永平著.—南京：江苏凤凰教育出版社，2023.10
ISBN 978-7-5743-0193-1
Ⅰ.①中…　Ⅱ.①汪…　Ⅲ.①村落—介绍—西藏　Ⅳ.①K928.5

中国版本图书馆CIP数据核字（2022）第230804号

书　　名　中华古村落·西藏卷
作　　者　汪永平
责任编辑　樊曼莉
装帧设计　周　晨　孙宁宁
出版发行　江苏凤凰教育出版社（南京市湖南路1号A楼　邮编210009）
苏教网址　http://www.1088.com.cn
照　　排　南京新华丰制版有限公司
印　　刷　上海雅昌艺术印刷有限公司
厂　　址　上海市嘉定区嘉罗公路1022号
开　　本　889mm×1194mm　1/16
印　　张　19.5
版　　次　2023年10月第1版
印　　次　2023年10月第1次印刷
书　　号　ISBN 978-7-5743-0193-1
定　　价　460.00元
网店地址　http://jsfhjycbs.tmall.com
公 众 号　江苏凤凰教育出版社（微信号：jsfhjyfw）
邮购电话　025-85406265，025-85400774，短信02585420909
盗版举报　025-83658579